Klaus-J. Fink

Vertriebspartner gewinnen

Klaus-J. Fink

Vertriebspartner gewinnen

Professioneller Vertriebsaufbau per Telefon

2., erweiterte Auflage

Bibliografische Information Der Deutschen Nationabibliothek
Die Deutsche Nationalbibliothek verzeichnet diese Publikation in der
Deutschen Nationalbibliografie; detaillierte bibliografische Daten sind im Internet
über <http://dnb.d-nb.de> abrufbar.

1. Auflage 2003
2., erweiterte Auflage Oktober 2006

Alle Rechte vorbehalten
© Betriebswirtschaftlicher Verlag Dr. Th. Gabler | GWV Fachverlage GmbH,
Wiesbaden 2006

Lektorat: Barbara Möller

Der Gabler Verlag ist ein Unternehmen von Springer Science+Business Media.
www.gabler.de

Das Werk einschließlich aller seiner Teile ist urheberrechtlich geschützt. Jede Verwertung außerhalb der engen Grenzen des Urheberrechtsgesetzes ist ohne Zustimmung des Verlags unzulässig und strafbar. Das gilt insbesondere für Vervielfältigungen, Übersetzungen, Mikroverfilmungen und die Einspeicherung und Verarbeitung in elektronischen Systemen.

Die Wiedergabe von Gebrauchsnamen, Handelsnamen, Warenbezeichnungen usw. in diesem Werk berechtigt auch ohne besondere Kennzeichnung nicht zu der Annahme, dass solche Namen im Sinne der Warenzeichen- und Markenschutz-Gesetzgebung als frei zu betrachten wären und daher von jedermann benutzt werden dürften.

Umschlaggestaltung: Nina Faber de.sign, Wiesbaden
Satz: Fotosatz Huhn, Maintal
Druck und buchbinderische Verarbeitung: Wilhelm & Adam, Heusenstamm
Gedruckt auf säurefreiem und chlorfrei gebleichtem Papier
Printed in Germany

ISBN-10 3-8349-0006-0
ISBN-13 978-3-8349-0006-7

Vorwort

Vor allem in den Bereichen Finanzdienstleistung, Immobiliensektor und auch für den Strukturvertrieb ist Expansion nicht nur sehr wichtig, sondern für die einzelnen Unternehmen und deren Mitarbeiter schon fast eine Lebensnotwendigkeit. Nur Wachstum sichert das Fortbestehen der Branchen. Diese Tatsache und der Stellenwert der Gewinnung neuer Mitarbeiter sind allen durchaus bewusst, die in diesen Bereichen tätig sind. Dennoch ist festzustellen, dass wir uns immer wieder nur allzu leicht vom konkreten Handeln in Richtung Expansion abhalten lassen. Einige haben sogar mit ganz massiven Hemmschwellen zu kämpfen, die für sie sehr schwer zu überwinden sind. Bei ihnen steht noch allzu sehr die kurzfristige Existenzsicherung im Vordergrund, die allerdings – das wissen wir alle – nicht der Königsweg zum Erfolg sein kann. Wer erfolgreich sein will, muss seine Energien auf zukunftsorientiertes Handeln und langfristige Erfolgssicherung konzentrieren.

Das Buch, das Sie in Ihren Händen halten, befasst sich genau mit dieser Frage: Wie sichere ich meinen Erfolg für die Zukunft? Dabei geht es nicht um Neukundengewinnung oder Kundenbindung, sondern um das wichtige Thema Vertriebsaufbau. Obwohl wir uns alle immer wieder mit diesem Thema beschäftigen, halten fehlendes Know-how und psychologische Barrieren die meisten von uns davon ab, dieses Thema handlungsorientiert fest in den Arbeitsalltag zu integrieren.

In der heutigen Zeit gute Mitarbeiter oder Vertriebspartner zu gewinnen, stellt in der Tat eine enorme Herausforderung dar. Das vorliegende Buch stellt Ihnen Strategien vor, mit denen Sie durch professionelle Telefonakquise neue Mitarbeiter gewinnen und auf diese Weise Ihren Vertriebsaufbau optimieren können. In den folgenden Kapiteln werden Punkt für Punkt konkrete Methoden vorgestellt, die Ihrer Ansprache potenzieller Mitarbeiter Struktur geben und die Erfolgswahrscheinlichkeit Ihrer Recruitingsgespräche erhöhen. Als Ziel gilt, dass Sie nach

Beendigung der Lektüre ein System erarbeitet haben, das Ihnen eine sichere Basis dafür gibt, Ihren Vertrieb zu erweitern. Das heißt Menschen auf eine neue Tätigkeit anzusprechen, sie zu motivieren und gemeinsam mit ihnen erfolgreich den Vertrieb auszubauen.

Seit der Erstauflage dieses Buches im Oktober 2003 hat sich der Markt zwar dynamisch weiterentwickelt, die Grundsätze der Mitarbeitergewinnung unterliegen allerdings immer noch den gleichen „ehernen Gesetzen". Um die zentralen Grundgedanken zu diesem Thema zusätzlich zu verankern, wurde die vorliegende Auflage um eine kommentierte Zusammenfassung erweitert. In Kapitel 14 finden Sie die wichtigsten Punkte nochmals nutzerfreundlich aufgelistet. Zur Auffrischung des Gelernten, zur Motivation zwischendurch und als Unterstützung für neue Zielsetzungen.

Ich wünsche Ihnen bei der Lektüre und der Umsetzung des Gelernten viel Erfolg!

Mit den besten Wünschen für erfolgreiche Recruiting-Telefonate,

Ihr *Klaus-J. Fink*

Inhalt

Vorwort	5
Grundsätzliches zum Mitarbeiter-Recruiting	9
1. Das Prinzip der „Affenfaust"	13
2. Gibt es ein Anforderungsprofil für den idealen Vertriebspartner?	19
Die „harten" Faktoren – Zahlen, Daten, Fakten	19
Die „weichen" Faktoren – persönliche Eigenschaften	25
3. Das Gesetz der Zahl im Recruiting	31
4. Besonders Erfolg versprechende Berufsgruppen	33
5. Die Möglichkeiten der Mitarbeitergewinnung	39
Das „telefonische Maulwurfgespräch"	39
Das Telefon als Mittel zum Zweck (= Termin)	47
Ziel der Telefonakquise beim Recruiting: der Termin!	48
6. Die perfekte Durchführung einer Infoveranstaltung	51
Einladung/Bestätigung	54
Veranstaltungsort: Büro oder Hotel?	56
Wochentag	56
Kleiderordnung	57
Bestuhlung	58
Infounterlagen	59
Medien	59
Pünktlichkeit	60
Infoleitfaden	61
Verschiedene Infosprecher	62

7. **Ihre Kunden – das größte Potenzial für die Mitarbeitergewinnung** 67
   Höfliche Hartnäckigkeit hilft 68
   Drei Hauptbedenken gegen eine Kundenansprache 69

8. **So sprechen Sie Kunden gezielt an** 73
   Service-Call + Direktansprache 73
   Service-Call + Empfehlungsfrage 74
   Anwerbung über Kollegen 75

9. **Der Einstieg in das Recruiting-Telefonat** 81
   Die Begrüßung/Vorstellung 82
   Die Gesprächseröffnung 82

10. **Standardreaktionen eines potenziellen Vertriebspartners** 95
    Unterscheidung Vorwand – Einwand 96
    Drei Möglichkeiten der Reaktion auf einen Vorwand 97
    Diagnose allgemeiner Bewerberreaktionen anhand der Schlüsseltechnik 98

11. **Spezielle Bewerbereinwände mit der 4-Schritt-Methode entkräften** 105
    Schritt 1: Abfedern durch Lob 105
    Schritt 2: Suggestive Gesprächseröffnung 111
    Schritt 3: Argumentation im Sie-Standpunkt 113
    Schritt 4: Terminvereinbarung/Einladung zur Infoveranstaltung 117

12. **Die Selbstbezichtigung als Joker der Einwandbehandlung** 119

13. **Starten Sie jetzt!** 129

14. **Grundvoraussetzungen für den professionellen Vertriebsaufbau per Telefon von A bis Z** 133

Der Autor 143

Grundsätzliches zum Mitarbeiter-Recruiting

Der Verkauf und die Rolle des Verkäufers selbst sind heutzutage leider nicht unbedingt positiv besetzt. Das Image des Klinkenputzens, das Bild des „OTS-Prinzips" (Onkel, Tante, Schwiegermutter), nach dem Multilevel-Marketingsysteme oder einige dubiose Strukturvertriebe ihre Mitarbeiter anleiten, spiegelt eine allgemeine Einstellung wider: Alles, was mit Strukturvertrieb zusammenhängt, wird erst einmal mit Misstrauen betrachtet. Und das nicht erst seit kurzem – da nützt es wenig, wenn die Medien in regelmäßigen Abständen immer wieder vom Comeback des Verkäufers sprechen. Wir haben in Deutschland immer noch ein eher gespaltenes Verhältnis zum Thema Strukturvertrieb. Das heißt, dass Sie oft mit der Aussage eines potenziellen Kandidaten konfrontiert werden: „Strukturvertrieb? Kommt für mich nicht in Frage." Der Laie denkt nämlich sofort an ein Schneeballsystem und hat eigentlich gar kein klares Bild davon, wie ein Strukturvertrieb überhaupt aufgebaut ist. Letztendlich ist im Wirtschaftsleben ja alles strukturiert: In fast jedem Unternehmen gibt es den Chef, vielleicht einen Geschäftsführer, dann den Abteilungsleiter, die Mitarbeiter und – last but not least – den Pförtner. Wenn Sie sich das Organigramm anschauen, haben Sie eine Struktur vor sich, eine Pyramide. Ohne Struktur ist ein Zusammenleben gar nicht möglich. Weshalb also diese großen Vorbehalte?

Bankberater, Immobilienhändler, Sales Manager und Außendienstmitarbeiter – das alles sind Berufe, die direkt mit dem Verkauf zu tun haben. Und die allesamt nicht besonders gut angesehen sind, noch nie besonders gut angesehen waren. Das negative Image dieser Berufszweige ist seit Jahrzehnten überliefert und historisch bedingt. Handwerker waren Männer, die ihre Arbeit mit den Händen ausführten, die von dieser Tätigkeit auch entsprechend gezeichnet waren. Anders verhielt es sich natürlich mit den Kaufmannsleuten, deren Beruf saubere Hände und damit den Neid und die Missgunst aller anderen einschloss. Der Kaufmann verfügte zwar über eine dicke Geldschatulle, aber so richtig hoch war sein Ansehen nie. Wer also will schon unbedingt in einem Bereich beruflich aktiv werden, der zwar nachweislich finanziell lukrativ, vom Image her aber eher negativ besetzt ist?

Mit besonders negativen Vorurteilen wird der Bereich der Finanzdienstleistung (Immobilien, Assekuranz, Strukturvertrieb) betrachtet. Umso schwieriger ist es also auch, in und für diesen Markt neue Mitarbeiter zu gewinnen. Dabei gibt es gerade in diesem Bereich die größten Wachstumschancen und die besten Möglichkeiten für persönlichen Erfolg. Diese zwei Gegenpole erzeugen natürlicherweise Konflikte – sowohl bei denjenigen, die einen Vertrieb aufbauen wollen, als auch bei denjenigen, die für eine Tätigkeit in diesem Bereich in Frage kommen.

Wer sich allerdings ein klares Bild darüber macht, was er im Vertrieb durch eigenes Engagement und zielgerichteten Einsatz erreichen kann, wird sich entscheiden und seinen Weg gehen – in Richtung finanzieller und persönlicher Erfolg.

Die Ansprache potenzieller Mitarbeiter

Ein Riesenpotenzial, das selten genutzt wird, um neue Mitarbeiter zu gewinnen, stellt der bereits bestehende Kundenstamm dar. Haben Sie einmal daran gedacht, Ihre Kunden darauf anzusprechen, ob sie an einer nebenberuflichen Tätigkeit interessiert sind? Wer von Ihnen hat zum Beispiel mindestens 50 Prozent seiner Kunden schon mal auf eine solche Tätigkeit angesprochen oder auch nur nach einer Empfehlung gefragt? Wie oft haben Sie einen dieser Schritte unternommen?

Ihre Kunden sind Ihnen zum Teil bereits über einen längeren Zeitraum bekannt. Gerade im Wissen über diese Kunden, von denen einige sogar „offene Bücher" für Sie sind, steckt ein enormes Potenzial. Sie verfügen über Kenntnisse, die Sie nutzen sollten. Kenntnisse über die familiäre Situation, über die Arbeitssituation und eventuell auch über Zukunftspläne und Wünsche. Sie kennen die Lebensumstände Ihres Kunden und sind immer wieder im Gespräch mit ihm über seine allgemeine Situation. Vielleicht hat der eine oder andere sich sogar schon einmal bei Ihnen über seinen Job beschwert. Wer, wenn nicht Sie, kann Ihre Kunden am besten einschätzen? Es lohnt sich also, einmal konkret darüber nachzudenken, wie Sie Ihr bestehendes Kundenpotenzial für den Vertriebsaufbau nutzen können. In dem Moment, in dem Sie sich entschließen, den Stamm der Vertriebsmitarbeiter zu erweitern und so für zuverlässiges Wachstum zu sorgen, fangen Sie weit über Null an: Ihre Kunden sind die Ersten, die Sie direkt ansprechen können!

Fazit: Bevor Sie sich mit der Direktansprache von Neukontakten beschäftigen, macht es Sinn, das bestehende (Kunden-)Potenzial zu nutzen und in diesem Kreis systematisch zu akquirieren.

Bei den Recruiting-Gesprächen, die Sie mit der Absicht führen, Mitarbeiter für sich zu gewinnen, geht es in erster Linie darum, auf die Eitelkeit des Menschen abzuzielen, und nicht – wie bei den üblichen Terminierungsgesprächen – die Nutzenargumentation bzw. das Geschäft in den Vordergrund zu stellen. Viele der Personen, die Sie auf eine Tätigkeit für den Vertrieb ansprechen, werden stolz darauf sein. Sie werden sich als etwas Besonderes fühlen. Denn Sie haben einen Versuch unternommen, genau ihn für eine Mitarbeit zu gewinnen. „Da hätte ich auch anfangen können, die wollten **mich** haben." Das ist es, was ein Angesprochener sich innerlich sagt – auch wenn er Ihr Angebot nicht angenommen hat. Was haben Sie also zu verlieren, wenn Sie Ihre Kunden ansprechen? Und was hält Sie davon ab, Ihre Kunden konsequent zu fragen, ob sie an einer (nebenberuflichen) Tätigkeit interessiert sind? Warum zögern Sie, sie über die Möglichkeiten zu informieren? Warum tun Sie nicht den Schritt und laden sie einfach zu einer Informationsveranstaltung ein, lassen sie selbst entscheiden, ob sie diese Chance wahrnehmen wollen? Warum entscheiden so viele von uns von vorneherein: Der hat eh kein Interesse! Der hat bestimmt keine Zeit! Und:

Die kann das sowieso nicht! Warum zerbrechen wir uns den Kopf anderer Leute?

Recruiting ist ein absolutes „Kopfthema". Deshalb ist es wichtig, dass Sie – bevor Sie aktiv werden – für sich selbst noch einmal überprüfen, wie Sie persönlich mit diesem Thema umgehen. Wie ist Ihre Einstellung zum Recruiting? Was halten Sie persönlich vom Vertriebsaufbau? Ist er ein notwendiges Übel oder entwickeln Sie mit Ihrem Team Spaß daran, zu wachsen? Haben Sie Freude daran, Menschen kennen zu lernen, ihr Potenzial herauszufinden und mit einer wachsenden Vertriebsmannschaft außergewöhnliche Erfolge einzufahren? Glauben Sie daran, dass Sie Ihre Kunden erfolgreich auf eine Tätigkeit in Ihrem System ansprechen können? Oder nehmen Sie vorher schon gerne den Misserfolg billigend in Kauf? Sich mit diesen Fragen auseinander zu setzen, ist bereits der erste Schritt in die richtige Richtung. Auf den nachfolgenden Seiten werden wir uns mit genau diesen Fragen befassen, denn ihre Klärung ist die notwendige Voraussetzung dafür, dass Sie erfolgreich aktiv werden.

Haben Sie für sich dann alle Zweifel aus dem Weg geräumt und den Entschluss getroffen, Ihre Energie dem Ausbau der Vertriebsstruktur zu widmen – das heißt Ihren Erfolg auch langfristig zu sichern –, gilt es, das Gelernte in die Praxis umzusetzen. Im vorliegenden Buch werden Sie anhand vielfältiger konkreter Formulierungshilfen und praktischer Tipps im Umgang mit Ihren Gesprächspartnern üben, wie Sie Gewinn bringende Telefonate führen. Im Laufe der Praxis wird es Ihnen gelingen, mit diesem „Handwerkszeug" eine individuelle Vorgehensweise zu entwickeln, die speziell auf Ihre ganz eigene Persönlichkeit zugeschnitten ist. Eine eigene Strategie für Ihren ganz eigenen Erfolgsweg ...

1. Das Prinzip der „Affenfaust"

Haben Sie schon einmal von der „Affenfaust" gehört? Es geht dabei um einen einfachen, aber umso effektiveren Trick, mit dem in Afrika und anderen Ländern Affen gefangen werden: Der Jäger versteckt einen Leckerbissen in einem Tontopf mit einer relativ kleinen Öffnung – gerade groß genug für eine Affenhand. Der hungrige Affe, der Witterung aufgenommen hat, schleicht sich an den Topf heran und steckt seine Hand durch das Loch, um das Essen herauszuholen. Sein Greifreflex ist dabei so stark, dass es ihm nicht mehr gelingt, seine um den Leckerbissen geschlossene Faust durch die relativ enge Öffnung des Tontopfes wieder herauszuziehen. Und da er hungrig ist, weigert er sich instinktiv, das Essen loszulassen. Der Affe ist nun durch den Tonkrug am Handgelenk so gehandicapt, dass er für den Jäger zur leichten Beute wird. Der Trick funktioniert auch, wenn der Jäger sein Lockmittel in dem Loch eines Baumstamms platziert.

Sie haben diese Geschichte bestimmt schon einmal gehört oder gelesen – auf Seminaren, von Kollegen, in dem einen oder anderen Buch. Das „Prinzip der Affenfaust" allerdings bezieht sich auf eine ganz andere Thematik. Es hat zwar auch mit „altem" Wissen zu tun, aber in einem anderen Zusammenhang: Hier geht es um eine ganz bestimmte Methode, die Seefahrer anwenden, wenn sie ihr Schiff im Hafen festmachen wollen. Und diese Methode eignet sich im übertragenen Sinne auch für die Anwerbung, für das „Festmachen", neuer Vertriebsmitarbeiter!

Die Zeichnung auf der folgenden Seite zeigt Ihnen die typische „Affenfaust" schlauer Matrosen, die mit ihrer Hilfe leichter an Land anlegen konnten. Denn das dicke Anlegeseil auf die Mole zu werfen, wo es von den Hafenarbeitern fachmännisch befestigt werden konnte, war kein leichtes Unterfangen. Irgendwann ist einer der Seefahrer auf die Idee gekommen, an dem dicken, schwer zu werfenden Tau ein dünneres Seil anzubringen, das wiederum an seinem Ende mit einem Gewicht versehen wurde. Dieses Gewicht wurde „Affenfaust" genannt. Beim Werfen der „Affenfaust" wurde das dünnere Seil hinterhergezogen, und an diesem konnten die Fänger an der Mole das dicke Seil zu sich heranziehen und das weit gereiste Schiff sicher im Hafen befestigen.

Nutzen Sie das „Prinzip der Affenfaust", um neue Mitarbeiter zu gewinnen.

Dieses Bild passt ganz besonders gut für das expansive Vorgehen im Vertrieb, mit dem Sie Ihre Mitarbeiterzahl und damit Ihren Erfolg vergrößern wollen: Das dicke Tau steht für die Tätigkeit als Vertriebsmitarbeiter. Vielen potenziellen Mitarbeitern fällt es schwer, dieses Tau aufzunehmen, denn immer noch – und dieses Thema werde ich in diesem Buch noch ausführlicher behandeln – hat die Vertriebstätigkeit ein schlechtes Image. Das heißt, Sie müssen mit einer Menge Vorbehalte vonseiten Ihrer potenzieller Mitarbeiter rechnen. Das „Prinzip der Affenfaust" erleichtert Ihnen, mit diesen Vorbehalten umzugehen und neue Interessenten an sich zu binden.

Wenn ein Unternehmen im freien Markt lediglich das „dicke Tau" auswirft, die Tätigkeit also ausschließlich als Hauptberuf anbietet, um neue Mitarbeiter an Land zu ziehen, hält sich der Erfolg wahrscheinlich in Grenzen. Denn dieses Vorgehen bedingt, dass die Angesprochenen bzw. Interessenten innerhalb kürzester Zeit ihre derzeitige berufliche Tätigkeit und Existenz aufgeben müssen, um sich auf das „Wagnis Verkauf" einzulassen und das auch noch in einem immer noch negativ assoziierten Bereich, nämlich dem der Immobilien- und Finanzdienstleistung.

Genauso schwer, wie so ein dickes Tau im Hafen wiegt, so schwer wiegt auch die Entscheidung, sich auf einen neuen Markt und eine neue Tätigkeit einzulassen – zumal in den meisten Fällen keinerlei finanzielle Absicherung geboten wird. Also ist auch hier ein dünnes Seil angebracht – ein Seil, das wie beim Anlegen eines Schiffes viel leichter aufzufangen ist als das dicke Tau. Dieses dünne Seil steht in unserem bildhaften Vergleich für eine nebenberufliche Tätigkeit. Wenn Menschen neben ihrem Hauptberuf mit dem Einsatz von 12 bis 15 Stunden in der Woche ein völlig neues Tätigkeitsfeld ausprobieren und dabei auch prüfen können, welche Chancen sie in diesem Markt haben, dann fällt es ihnen bedeutend leichter, sich für diese neue Tätigkeit als Hauptberuf zu entscheiden. Denn sie können nur gewinnen! Es geht in dieser Phase lediglich um die Entscheidung, über einen von vornherein festgelegten Zeitraum von z. B. einigen Monaten private Interessen, Hobbys und vielfach auch die Familie in einem bestimmten Maß zurückzustellen. In dieser Zeit kann ausgetestet werden, inwieweit die persönlichen Stärken und Neigungen der Vertriebstätigkeit überhaupt entsprechen. Dieses dünnere Seil kann ganz unterschiedlich lang sein – genauso unterschiedlich, wie Menschen verschieden sind. Es gibt Neueinsteiger, die ihre Entscheidung, sich voll der neuen Tätigkeit zu widmen, innerhalb von drei bis sechs Monaten treffen und dann zum dicken Tau greifen, das bedeutet, ganz in die Vertriebsbranche zu wechseln. Natürlich gibt es auch Mitarbeiter, die länger brauchen. Sie verdienen sich über viele Monate, manchmal sogar über Jahre mit ihrer nebenberuflichen Tätigkeit ein finanzielles „Zubrot". Der Mut, ganz in die neue Tätigkeit zu wechseln, fehlt ihnen aber – obwohl sie inzwischen über das notwendige Wissen bezüglich Tätigkeit, Produkt und Unternehmensstrategie verfügen. Als Erfahrungswert von vielen erfolgreichen Vertriebsleitern ist immer wieder zu hören, dass ein durchschnittlicher Wert von 6 bis 12 Monaten geradezu ideal ist, um von dem Nebenberuf in den Hauptberuf zu wechseln. Die Praxis zeigt, dass viele nach 12 bis 18 Monaten den Absprung nicht mehr schaffen. (Das heißt, die Chance, dass ein Mitarbeiter nach diesem Zeitraum für das Unternehmen als hauptberufliche Vertriebskraft tätig wird, nimmt rapide ab.)

Um potenziellen Mitarbeitern die Möglichkeiten einer nebenberuflichen oder einer hauptberuflichen Tätigkeit im Vertrieb vorstellen zu können, ist es also wichtig, „eine Affenfaust auszuwerfen". Für eine solche Affenfaust steht die Informationsveranstaltung, also die Veranstaltung, zu der Interessenten eingeladen werden, um sich darüber zu informieren, welche Perspektiven eine berufliche Veränderung mit sich bringt. Ziel einer solchen Informationsveranstaltung, die im Branchenjargon vielfach „Info", manchmal „BIS" (Berufsinformationsseminar) oder auch „UFO" (Unternehmensvorstellung) genannt wird, ist es, die Teilnehmer für eine berufliche Perspektive zu begeistern, indem über die Marktsituation berichtet, das Unternehmen dargestellt und über die

Verdienstmöglichkeiten gesprochen wird. Diese Veranstaltungen, die meistens abends, von einigen Vertrieben auch samstags durchgeführt werden, spielen oft eine entscheidende Rolle: Je kunstvoller die „Affenfaust" geknotet und je fachmännischer sie ausgeworfen wird, desto besser sind die Chancen, dass sich Teilnehmer nach dieser Veranstaltung entscheiden, die Grundschulung zu absolvieren.

Das Prinzip, im Vertrieb mit einer nebenberuflichen Tätigkeit zu beginnen, hat sich gerade in einem harten Verdrängungsmarkt wie der Allfinanz bereits seit Jahrzehnten bewährt. Im Allgemeinen ist auf dem Markt immer wieder festzustellen, dass sich für diejenigen Unternehmen, die keinen nebenberuflichen Einstieg zulassen, die Expansion extrem schwierig gestaltet.

Nutzen Sie also die Chance, wenn Sie Ihren Mitarbeiterstamm ausweiten wollen und Ihr Vertriebskonzept es zulässt: Gewinnen Sie Mitarbeiter vorerst für die nebenberufliche Tätigkeit. So erhalten Sie von Ihren Bewerbern erst einmal die „kleine" Entscheidung und bilden so die optimale Basis für die letztendliche Entscheidung, ganz in den neuen Tätigkeitsbereich zu wechseln. Erlauben Sie dem neuen Mitarbeiter, die „Affenfaust" aufzufangen, an der das dünnere Seil hängt, damit er daran das dicke Tau nachziehen kann.

Dieses Prinzip, das sich in der Schifffahrt über Jahrhunderte bewährt hat, wird auch Ihnen bei Ihren Expansionsaktivitäten helfen, neue Mitarbeiter zu gewinnen. Wie Sie eine „Affenfaust" knoten und wie Sie das Seil am geschicktesten auswerfen, wird auf den folgenden Seiten ausführlich dargestellt.

2. Gibt es ein Anforderungsprofil für den idealen Vertriebspartner?

Stellen Sie sich einmal vor, Sie könnten sich einen Vertriebspartner wünschen und müssten ganz genau festlegen, welche Stärken und Eigenschaften er haben soll. Was meinen Sie: Wie sollte das Anforderungsprofil dieses idealen Vertriebspartners aussehen? Was würden Sie von ihm erwarten? Welche Rahmenbedingungen sollten gegeben sein? Kommt da nicht fast von selbst die Frage auf: Gibt es das überhaupt – das Anforderungsprofil für den idealen Vertriebspartner?

Um es vorwegzunehmen: Ein Anforderungsprofil für den idealen Vertriebspartner gibt es tatsächlich nicht. Allenfalls Erfahrungswerte und persönliche Meinungen, die bei jedem neuen Versuch ergänzt, bestätigt oder widerlegt werden. Dennoch gibt es einige Faktoren, die bei Ihrer persönlichen Beurteilung des „Kandidaten" eine Rolle spielen und Ihre Entscheidung für oder gegen ihn beeinflussen. Lassen Sie uns einmal gemeinsam überlegen, welches denn genau diese Faktoren sind, die für die erfolgreiche (nebenberufliche) Tätigkeit im Vertrieb eine Rolle spielen und wie Sie diese im Einzelfall überprüfen können.

Dabei geht es um die „harten Faktoren", das heißt Zahlen, Fakten und Daten, die diesen betreffen, und um die „weichen" Faktoren, das heißt die „persönlichen Eigenschaften", die bei dem jeweiligen potenziellen Mitarbeiter mehr oder weniger ausgeprägt sind.

Die „harten Faktoren" – Zahlen, Daten, Fakten

Die Lebensumstände eines Menschen spielen eine wichtige Rolle und bestimmen oft über die Möglichkeiten, die ihm zur Verfügung stehen. Es gibt einengende und es gibt flexible Lebensumstände, aus denen sich ganz unterschiedliche Motivationen ergeben können. Inwieweit die Umstände für oder gegen eine nebenberufliche Tätigkeit sprechen, kann allerdings Punkt für Punkt abgeklärt werden – anhand der so genannten „harten" Faktoren:

Anforderungsprofil für neue Vertriebspartner:
Die „harten" Faktoren

▶ Geschlecht
▶ Alter
▶ Ausbildung
▶ jetzige Tätigkeit
▶ Familienstand
▶ Hobbys/Sport

---

1. Geschlecht

Woran liegt es, dass die Anzahl der weiblichen Mitarbeiter in der Finanzdienstleistungsbranche so gering ist? Sie bilden lediglich einen Anteil von fünf, sieben oder sogar acht Prozent, erstaunlich wenig also. Welchen Einfluss hat die Geschlechterzugehörigkeit auf Ihre Entscheidung, auf Ihre persönliche Auswahl von potenziellen Vertriebspartnern? Tendieren Sie eher dazu, sich auf Männer als potenzielle „Kandidaten" festzulegen, schließen Sie Frauen von vornherein bei Ihrem Akquiseprozess eher aus?

Die Meinung ist weit verbreitet – und das bestimmt nicht ganz zu Unrecht –, dass Frauen im Umgang mit Menschen über eine höhere Sensibilität verfügen und ihre Intuition in der Kundenbeziehung besser einsetzen können als Männer. Wenn Männer Entscheidungen treffen, sind dies fast immer Kopf-Entscheidungen. Weil nicht sein kann, was nicht sein darf. Oder weil sie glauben, die Welt müsse sich ihren Wünschen und Vorstellungen beugen.

Eine weitere Eigenschaft, in der sich Männer und Frauen ziemlich stark unterscheiden, ist die Hartnäckigkeit. Auch wenn es immer noch so ist, dass Männer oft karriereorientierter sind, besitzen Frauen eine größere Hartnäckigkeit bei der Verfolgung ihrer Ziele. Gerade im Vertrieb ist das ein entscheidender Vorteil. Hartnäckiges, zum Teil zähes Dranbleiben am Kunden und an der Aufgabe – so werden Aufträge geschrieben. Daran sollten Sie also bei der Auswahl Ihrer „Kandidaten" immer denken.

2. Alter

Was ist Ihr Lieblingsalter? Gibt es ein „gutes" Alter? Wie alt sollte ein Vertriebspartner sein? 30 bis 35 sagen die einen, mit 20 bis 40 wird bei anderen wiederum die Spanne etwas weiter gesteckt. Gibt es für die Vertriebstätigkeit überhaupt ein ideales Alter? Zwei Extrembeispiele machen deutlich, wie groß die Spanne in Wirklichkeit sein kann:

Da ist zum Beispiel eine 18-jährige gelernte Friseurin, die sich in einem Immobilienvertrieb bewirbt und nicht locker lässt, bis sie die Chance bekommt, eine Schulung zu absolvieren. Danach fängt sie an – mit 18! –, Kaltakquise für steuerbegünstigte Immobilien zu machen. Und ist dabei tatsächlich außergewöhnlich erfolgreich. Denn sie weiß – obwohl sie noch sehr jung ist – genau, was sie will. Und steuert immer wieder neue Ziele an, die sie dann hartnäckig verfolgt. Eine Ausnahmeerscheinung, sagen Sie? Kann sein. Aber solche Ausnahmeerscheinungen gibt es immer wieder.

Und da ist eine 66-jährige pensionierte Kriminalkommissarin, die nur deshalb im Vertrieb tätig ist, weil sie damit ein aufwendiges Hobby finanziert. Diese Frau weiß genau, wofür sie aktiv ist. Zwischen 18 und 66. So sieht die Realität aus! Seien Sie also offen, wenn es darum geht, Grenzen im Altersbereich auszutesten. Wirklich entscheidend sind andere Faktoren, der Erfolg hängt nicht von einem bestimmten Alter ab.

3. Schule/Ausbildung

Lesen und schreiben zu können sowie die vier Grundrechenarten zu beherrschen, hat sich bewährt. Gerade in der Finanzdienstleistung. Alles andere macht dann der Taschenrechner. Das Motto „Fachidiot schlägt Kunden tot" haben wir alle schon einmal gehört. Gerade Akademiker tendieren oft dazu, allzu theoretisch an die Sache heranzugehen, und versuchen, die Kunden ausschließlich durch Argumente zu überzeugen. So richtig und wichtig diese Argumente auch sind, entscheidend bleibt der Mensch selbst mit seinen Wünschen und Bedürfnissen, die im Gespräch berücksichtigt werden sollten.

Eine Ausbildung macht auf jeden Fall Sinn. Allerdings scheiden sich schon bei der Frage, welche das denn sein soll, die Geister. Eine kaufmännische Ausbildung wäre sicher eine gute Grundvoraussetzung, aber auch hier gilt – wie bei der Frage des Alters: Schließen Sie nicht voreilig aus, sondern erweitern Sie eher die Kriterien Ihrer Auswahl.

4. Jetzige Tätigkeit

In welchem beruflichen Umfeld sollte Ihr potenzieller Mitarbeiter denn gerade tätig sein? Oder ist Ihnen ein Arbeitsloser lieber? Sollte er schon ein bisschen Karriere gemacht haben? Verkäuferisch tätig sein? Wenn wir von verkäuferischer Tätigkeit sprechen, dann ist nicht der „Regalbewacher" im Einzelhandel gemeint, sondern jemand, der möglichst schon Erfahrung im Vertrieb, zum Beispiel im Außendienst einer völlig anderen Branche, gesammelt hat. Vielleicht hilft uns in diesem Zusammenhang eine ganz simple Definition von Verkaufen, nämlich:

„Verkaufen ist Umgang mit Menschen."

Wenn zwei Menschen sich unterhalten, will der eine dem anderen immer etwas verkaufen. Ob wir das Erziehung nennen oder Führung, ist an dieser Stelle gleichgültig. Das erste Verkaufsgespräch wird schon in der Bibel beschrieben: Sicher erinnern Sie sich an die Geschichte von Adam und Eva. Um die „Sache mit dem Apfel" ranken sich viele lustige Geschichten und Interpretationen. Überlegen Sie einmal: Wie ist die Präsentationstechnik von Eva, wie ihre Einwandbehandlung und letztendlich die Abschlusstechnik? Wie läuft bei ihr die Rückabwicklung? Denn leider – wie wir alle wissen – ist die Sache ja nicht ganz aufgegangen: Das Resultat war ein Storno.

Vertriebstätigkeit bedingt enge Kommunikation mit dem Gegenüber. Daher würde es sicher Sinn machen, wenn Sie jemanden ansprechen, der jeden Tag mit Menschen zu tun hat. Im Idealfall steht Ihr „Kandidat" jeden Tag in direkter Kommunikation mit anderen Menschen, übt also kein Handwerk, sondern ein „Maulwerk" (= Verkauf) aus. Hier besteht ganz offensichtlich bereits eine wichtige Affinität für den Vertrieb. Mal ehrlich: Jemand, der im Hinterzimmer jeden Tag Reagenzgläser durchschüttelt und stundenlang Versuchsreihen notiert, ist sicher nicht unbedingt geeignet für eine Tätigkeit im Vertrieb. Wenn er sich nicht gerade vollkommen verändern will, weil die bisherige „Hinterzimmer"-Arbeit sowieso nicht zu ihm gepasst hat und er jede Menge Pläne hat, die es zu finanzieren gilt ...

5. Familienstand

Ob Single, verheiratet oder geschieden – jede Situation hat Vor- und Nachteile, je nachdem, wie groß die Sachzwänge sind. Nach wie vor gilt allerdings die alte Erkenntnis: „Hinter jedem erfolgreichen Mann steht auch eine erfolgreiche Frau!" Das heißt, wenn die Frau oder die Freundin (oder umgekehrt der Mann bzw. der Freund) den Job nicht mitträgt, wird es schwierig. Will sich ein Paar gemeinsam Wünsche erfüllen und Zukunftsvisionen realisieren, wird die Partnerin bzw. der Partner alles tun, um die „bessere Hälfte" bei der neuen Tätigkeit zu unterstützen.

6. *Hobbys und Sport*

Inwieweit stimmen Sie mir zu – vielleicht aus persönlicher Erfahrung –, wenn ich behaupte, dass jemand, der im Sport erfolgreich ist oder war, auch immer (zumindest mit einer Erfolgsquote von 90 Prozent) erfolgreich im Vertrieb ist? Was meinen Sie, woher kommt das? Die hohe Erfolgsquote liegt zum großen Teil darin begründet, dass Sportler meistens ganz genau wissen, wo sie hin wollen. Sie haben ein Ziel, auf das sie konsequent und konzentriert hinarbeiten: irgendwo oben auf dem Podest zu stehen und eine Medaille zu erringen.

Sport prägt den Charakter. Wenn jemand im Sport, egal in welcher Disziplin, erfolgreich war, musste er das Ziel, das er sich gesetzt hat, diszipliniert verfolgen, musste sich regelmäßig zum Training und zu stetiger Leistungssteigerung überwinden. Stellen Sie sich einmal so einen Läufer vor: Frühmorgens, draußen regnet es, es ist noch dunkel, das Bett ist schön warm und jetzt soll er trainieren, eine Stunde laufen. Der muss sich überwinden, und zwar jeden Tag. Sportler lernen auch, mit Niederlagen umzugehen. Letztendlich sind das genau die Faktoren, die im Vertriebsleben immer wieder gefordert werden: Durchhaltevermögen, Beharrlichkeit, Zielsetzung, Umgang mit Demotivation, Zielerreichung u.a. Ein Sportler hat also die besten Voraussetzungen für eine erfolgreiche Tätigkeit im Vertrieb.

Nun, welche Antwort ergibt sich aus all den Punkten auf die Frage, ob es ein klar definiertes Anforderungsprofil für einen Vertriebspartner gibt? Sie fällt eindeutig aus: **Ein klares Anforderungsprofil gibt es nicht!**

Bei der Suche nach einer Sekretärin, nach einem Ingenieur oder nach einem Automechaniker liegt fast immer ein eindeutiges Anforderungsprofil vor. Er oder sie muss bestimmte Fähigkeiten, Fremdsprachenkenntnisse, Eigenschaften etc. haben. Diese einzelnen Anforderungen können Punkt für Punkt vor der Einstellung überprüft werden. Im Vertrieb, sprich im Umgang mit Menschen, ist das schon erheblich schwieriger. Daher bieten Ihnen die oben genannten „weichen" und „harten"

Faktoren wichtige Anhaltspunkte für die Einschätzung der Fähigkeiten einzelner potenzieller Kandidaten.

Abgesehen davon: Haben Sie nicht auch schon die Erfahrung gemacht, dass sich diejenigen, von denen man eigentlich gar nicht so viel erwartet hat, die also eher zu den „Exoten" zählen und ein bisschen schwieriger zu führen sind, im Laufe ihrer Tätigkeit zu wichtigen Umsatzträgern entwickelt haben?

Die „weichen" Faktoren – persönliche Eigenschaften

Jeder Mensch ist eine ganz eigene Persönlichkeit, mit bestimmten Vorlieben, Stärken und Schwächen. Nicht jeder ist für das Geschäft des Vertriebs geeignet – das wissen alle, die in diesem Bereich arbeiten. Bei der gezielten Suche nach neuen Mitarbeitern ist es daher empfehlenswert, von Anfang an sensibel mit der Beurteilung bestimmter Eigenschaften umzugehen, die aussagekräftig in Bezug auf die Fähigkeit zur Vertriebsarbeit sind.

Anforderungsprofil für neue Vertriebspartner:
Die „weichen" Faktoren

- Einsatzbereitschaft
- Geltungsbedürfnis, Durchsetzungsvermögen
- Zuverlässigkeit
- Ziele
- Anerkennung, Bestätigung
- Ehrlichkeit, Offenheit, Freundlichkeit
- Persönlichkeitsstruktur

---

1. Einsatzbereitschaft

Betrachten Sie einmal rückblickend, was der potenzielle Mitarbeiter bisher getan hat. Hat er schon immer gekellnert, ist er schon immer Taxi gefahren, hat er auf jeden Fall immer etwas nebenbei gemacht? Zu welcher Arbeitsbelastung ist er bereit, inwieweit engagiert er sich für seine Wünsche? Verbringt er am liebsten viele Abende mit Familie und Freunden, mit seinem Hobby, oder geht er am liebsten oft aus, um abzuschalten? Oder haben Sie das Gefühl, dass er seine Zeit gerne aktiv und zielgerichtet zur Erfüllung von konkreten Vorstellungen plant? Machen Sie sich ein Bild davon und denken Sie darüber nach, wie der „Kandidat" mit einer nebenberuflichen Tätigkeit umgehen würde.

2. Geltungsbedürfnis, Durchsetzungsvermögen

Was sagt es zum Beispiel über einen Menschen aus, wenn er bestimmte Positionen in einem Verein übernimmt? Das kann die Position des Schatzmeisters in einem Kaninchenzuchtverein sein oder die des Protokollführers bei den regelmäßigen Treffen eines Wandervereins. Ist eine Vereinstätigkeit nicht immer auch mit einem gewissen Geltungsbedürfnis verbunden? Und eine leitende Tätigkeit in einem Verein mit einem gewissen Maß an Durchsetzungsvermögen? Beides sind Eigenschaften, die für die Vertriebstätigkeit durchaus von Vorteil sein können!

3. Zuverlässigkeit

Eine weitere entscheidende Voraussetzung ist der Grad der Zuverlässigkeit. Der sollte ziemlich hoch sein und kann von Ihnen leicht überprüft werden. Hält er sich an die getroffenen Abmachungen, erscheint er zu den vereinbarten Treffen, ist er pünktlich? Will er Sie immer noch vertrösten, nachdem er zweimal nicht gekommen ist oder nicht angerufen hat, obwohl es fest zwischen Ihnen vereinbart war? Wenn Sie ihn zur Informationsveranstaltung einladen, er zusagt und dann nicht erscheint: Was sagt Ihnen das? Was denken Sie wohl? Na, wenn das schon so anfängt ... Auf dieses Gefühl sollten Sie sich verlassen, denn was Sie brauchen, um gut und zielorientiert zu arbeiten, sind Mitarbeiter, auf deren Zuverlässigkeit Sie fest bauen können.

4. Ziele

Für eine (nebenberufliche) Tätigkeit in der Finanzdienstleistungsbranche sollten die Ziele des zukünftigen Mitarbeiters groß sein. Wenn Sie zum Beispiel im Bewerbungsgespräch erfahren, dass er gerade geerbt hat oder das Häuschen, in dem er wohnt, zu 90 Prozent abbezahlt ist – fragen Sie sich da nicht, welchen Ansporn der potenzielle Kandidat haben soll, um sich in Zukunft für den Vertrieb einzusetzen? Schwierig wird es auch, wenn er so gar keine Interessen hat. Er will kein Motorrad, kein Haus auf Mallorca, keine Jacht. Mit welchen Zielsetzungen soll er denn da arbeiten? Der zukünftige Mitarbeiter sollte in jedem Fall etwas „hungrig" sein. Nur dann weiß er auch, wofür er sich engagiert, und arbeitet mit einer Motivation, die ihn immer wieder antreibt.

5. Anerkennung, Bestätigung

Alle Menschen sind auf Liebe, Anerkennung und Bestätigung angewiesen. Also auch auf Lob, deutliches, anerkennendes Lob. Psychologische Studien haben ergeben, dass wir jeden Tag sechs bis sieben Mal Anerkennung, Bestätigung, also Zuneigung im weitesten Sinne, „Vitamine für die Seele", brauchen. Bleibt diese Seelennahrung aus, werden wir depressiv. Richten Sie Ihre Aufmerksamkeit darauf, inwieweit der potenzielle Kandidat bei seiner jetzigen Tätigkeit genügend Lob und Anerkennung erhält. Glauben Sie, dass Sie ihm mit einer Vertriebstätigkeit zu mehr Bestätigung im Beruf verhelfen und ihn dadurch auf positivste Weise an seine neue Tätigkeit binden können?

6. Ehrlichkeit, Offenheit, Freundlichkeit

„Wer kein freundliches Gesicht machen kann, sollte kein Geschäft eröffnen." Diese alte chinesische Weisheit ist auch für eine Tätigkeit im Vertrieb absolute Voraussetzung. Ein gewisses Maß an Freundlichkeit, Höflichkeit, Umgangsformen und Manieren ist Grundvoraussetzung für einen Vertriebsmitarbeiter, der täglich mit Menschen zu tun hat und diesen etwas verkaufen möchte. Ob Ihr „Kandidat" über ein ausreichendes Maß verfügt, sollten Sie anhand Ihrer Menschenkenntnis selbst ziemlich schnell feststellen können. Seien Sie hier in Ihrer Entscheidung konsequent, denn Sie können sicher sein, dass ein ruppiger und unhöflicher Mitarbeiter nicht zu Ihrem Erfolg beiträgt.

7. Persönlichkeitsstruktur

Extrovertiertheit – und zwar im richtigen Maß – heißt hier das Schlüsselwort. Denn zumindest ein kleines bisschen extrovertiert sollten (zukünftige) Vertriebsmitarbeiter von ihrer Persönlichkeitsstruktur her schon sein. Sind Menschen extrem introvertiert, haben sie es im Vertrieb meist schwer. Diesen Menschen wird es auch schwer fallen zu lernen, auf Menschen zuzugehen, sich zu öffnen und eine offene Kommunikation zu führen. Das wird durch die vorherrschende und auch weitestgehend belegte Meinung in der Verhaltensforschung belegt, die besagt: Sie können alles, was Sie in ihrem Leben erreichen wollen, zu 90 Prozent lernen. Eine Grundfähigkeit von zehn Prozent muss allerdings gegeben sein. Im Sport spiegelt sich dieses Verhältnis im Körperbau wider. Wenn Sie groß und schmal sind, sind Sie als Läufer vielleicht geeignet und können sich 90 Prozent antrainieren. Wenn Sie zu 130 Kilo Lebendgewicht neigen und eher der athletische Typ sind, passen vielleicht Kugelstoßen oder ähnliche Sportarten mehr zu Ihrer Konstitution. Alles andere können Sie sich auch hier durch mehr oder weniger hartes Üben antrainieren. So wie Sie es sich auch antrainieren können, auf andere Menschen zuzugehen, Kontakt aufzunehmen, zu verkaufen. Fleiß ist wichtiger als Talent, das hat bereits ein genialer Kopf erkannt:

> *Erfolg besteht zu fünf Prozent aus Inspiration und zu 95 Prozent aus Transpiration.*
>
> **Albert Einstein**

Eine wesentliche Voraussetzung ist, dass Ihr „Kandidat" sich gerne unterhält und gerne neue Menschen kennen lernt. Er freut sich auf jedes Fest, zu dem er eingeladen ist. Wenn Sie nun das Gefühl haben, er gehört zu dem Typ Mensch, der es sich am Samstagabend vorzugsweise mit zwei Tüten Chips und einem Sixpack vor dem Fernseher gemütlich macht, ist er wahrscheinlich eher nicht geeignet für eine umtriebige Vertriebstätigkeit. Das ist wahrscheinlich ein Mensch, der Einladungen am liebsten ausschlägt, sich unter Menschen eher unwohl fühlt, nicht unbedingt darauf erpicht ist, seinen Bekanntenkreis zu erweitern, und eigentlich so gar keinen Spaß daran hat, mit Menschen umzugehen. Das sind natürlich nicht die richtigen Voraussetzungen für den Erfolg.

Fazit: Wer von der Persönlichkeitsstruktur her eher extrovertiert ist, hat es sicher leichter im Vertrieb. Ob das bei den potenziellen Kandidaten für Ihren Vertrieb der Fall ist, können Sie konkret überprüfen. Ein Indiz bietet zum Beispiel die derzeitige Tätigkeit. Welche Tätigkeit übt er aus? Hat er dabei grundsätzlich mit Menschen zu tun? Spricht er positiv darüber? Bereits beim ersten Kennenlernen bietet sich Ihnen die Möglichkeit zu erkennen, ob es sich bei Ihrem Gegenüber eher um einen extrovertierten oder einen introvertierten Zeitgenossen handelt. Achten Sie darauf, wer das Gespräch eröffnet, wer auf wen zugeht, wie viele Redebeiträge Ihr Gesprächspartner einbringt. Bei den meisten der potenziellen Mitarbeiter, die Sie aus Ihrem Kundenkreis ansprechen, verfügen Sie ja auch über ein gewisses Vorwissen dadurch, dass Sie diese bereits eine geraume Zeit kennen. Nutzen Sie diesen Wissensvorsprung für Ihre Beurteilungen und finden Sie auf diesem Weg schneller heraus, wer tatsächlich in Frage kommt, mit wem Sie in Zukunft „an einem Strang ziehen" wollen.

Versuchen Sie bei aller Sympathie oder Antipathie, die Sie eventuell einem potenziellen Mitarbeiter gegenüber verspüren, möglichst objektiv zu bleiben und dennoch auf Ihre innere Stimme zu hören. Die Beurteilung eines anderen Menschen ist immer eine diffizile Angelegenheit, bei der man sich im beruflichen Bereich nie ausschließlich von den eigenen Vorlieben leiten lassen sollte. Eine Gratwanderung manchmal, die jedoch von Gespräch zu Gespräch sicherer wird, denn auch hier gilt die Regel: Erfahrung macht den Meister!

Zusammenfassung

Berücksichtigen Sie bei Ihrer Auswahl die oben genannten Punkte und vergessen Sie Ihren gesunden Menschenverstand bei der Einschätzung Ihrer Kandidaten nicht. Geben Sie sich selbst genügend Zeit, Ihre potenziellen Bewerber einzuschätzen, das heißt entscheiden Sie nicht bereits im Vorfeld über ihre Fähigkeiten und bleiben Sie ihnen gegenüber so neutral wie möglich.

Sie werden sehen: Je mehr Übung Sie haben, umso leichter wird Ihnen in Zukunft das Prozedere der Auswahl fallen.

3. Das Gesetz der Zahl im Recruiting

Die Neukunden-Akquise funktioniert nach dem Prinzip des Trichters. Das heißt, es muss eine entsprechende Anzahl an Wählversuchen oder anderen Kontakten gemacht werden, um genügend Termine zu erhalten. Das ist eine Fleißaufgabe.

Das Prinzip des Trichters gilt auch für das Mitarbeiter-Recruiting. Hier ist er allerdings noch viel breiter. Was bedeutet das für Ihre Recruiting-Praxis? Vereinzelte bzw. sporadische Aktionen, also hier und dort einen Partner auszuwählen, bei dem Ihnen bestimmte Eigenschaften gefallen, reicht nicht aus. Auch hier gilt die Regel, dass es besser ist, die Klasse über Masse herauszufinden.

Ist es Ihr Ziel, jede Infoveranstaltung mit einer oder zwei Personen durchzuführen, werden Sie sich nicht auf Klasse konzentrieren können. Effektiver ist es auf jeden Fall, sich auf die Gewinnung von Masse hinzuorientieren, um dann in der Lage zu sein, die entsprechende Klasse herauszukristallisieren.

Das Gesetz der Zahl steht natürlich auch in engem Zusammenhang mit den Glaubenssätzen, die in Bezug auf den Zeitpunkt der Akquise in unseren Köpfen existieren. Die Aussagen sind weit verbreitet, dass acht oder neun Uhr morgens auf jeden Fall zu früh, die Mittagszeit nicht geeignet und am frühen Abend ohnehin niemand mehr zu erreichen ist. Außerdem ist das Jahresende ein äußerst schlechter Zeitpunkt, da sich dann bekanntlich sowieso keiner mehr aufraffen kann und andere genau dann in den Skiurlaub fahren. Und am wenigsten sinnvoll sind Recruiting-Telefonate überhaupt im allgemein bekannten und oft zitierten Sommerloch ...

Machen Sie sich von diesen Vorstellungen frei! Eine positive Programmierung kann hier Wunder wirken. Natürlich ist es in manchen Monaten etwas mühsamer, die erforderliche Teilnehmerzahl für die Informationsveranstaltung zu erreichen. Nutzen Sie das „Gesetz der Zahl" und erhöhen Sie dementsprechend die Anzahl der Wählversuche, dann werden Sie im Durchschnitt übers Jahr gesehen ein außergewöhnlich gutes Ergebnis erzielen!

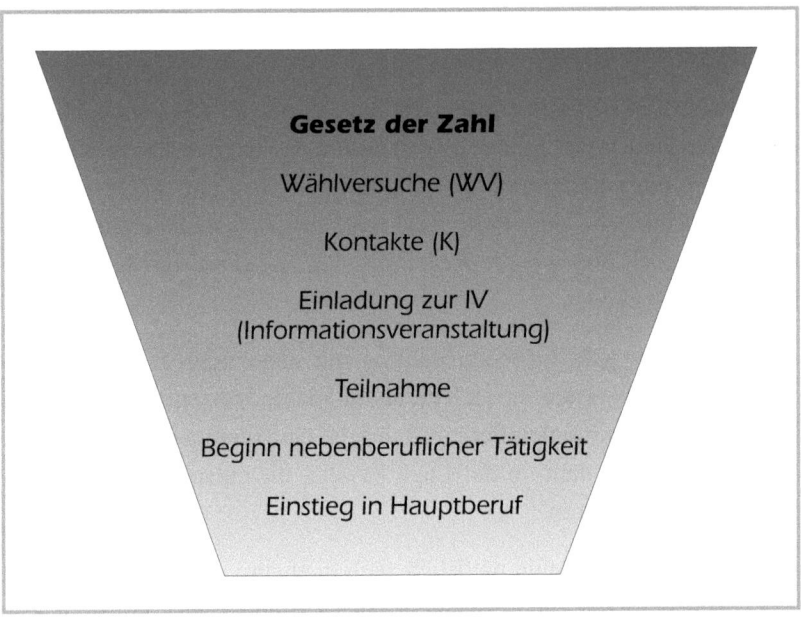

Zusammenfassung

Zielstrebigkeit, Fleiß und Beharrlichkeit sind die wichtigsten Eigenschaften, die Sie beim Mitarbeiter-Recruiting brauchen. Wer von sich und seiner Tätigkeit überzeugt ist und eine gewisse Beharrlichkeit an den Tag legt, hat die besten Voraussetzungen, seinen Vertrieb durch erfolgreiche Mitarbeiterwerbung zu vergrößern.

4. Besonders Erfolg versprechende Berufsgruppen

Wir haben bereits festgestellt, dass es kein Rezept für den idealen Vertriebspartner geben kann. Allenfalls Merkmale, die mehr oder weniger für einen Vertriebspartner von Vorteil sind. Sehen wir uns nun einmal gemeinsam die Berufsgruppen an. Welche eignen sich besonders für eine Aufgabe im Vertrieb? Welche Branchen und welche Mitarbeiter sind besonders offen dafür, in einem neuen Gebiet Fuß zu fassen? In welchen Bereichen also bieten sich Ihnen die besten Voraussetzungen für ein Mitarbeiter-Recruiting?

> **Erfolg versprechende Berufsgruppen für die Anwerbung neuer Vertriebspartner**
>
> - Bankkaufleute
> - Finanzdienstleister (Assekuranz/Bausparkasse etc.)
> - Automobilverkäufer
> - Hotellerie/Gastronomie
> - Verkäufer von Bürokommunikation
> - Polizei/Feuerwehr/Bundesgrenzschutz
> - Profisportler

Neben den oben genannten Berufsgruppen, deren Merkmale im Folgenden weiter ausgeführt werden, sollten Sie allerdings andere Tätigkeitsbereiche bei weitem nicht aus den Augen verlieren. Denken Sie zum Beispiel einmal an die Gruppe der Schichtarbeiter. Dieser Personenkreis hat für eine nebenberufliche Tätigkeit einen entscheidenden Vorteil: Die Schichtarbeitszeit erlaubt es eventuell, sich zusätzlich intensiv im Nebenjob zu engagieren. Berufstätige aus dem medizinischen Bereich zum Beispiel verfügen oft über ein passendes Profil, da sie jeden Tag mit Menschen zu tun haben und im Umgang mit ihnen geübt sind. Außerdem kommt hier noch ein entscheidender Faktor hinzu: Es ist bekannt, dass etwa die Einkommensmöglichkeiten einer Krankenschwester nicht besonders gut sind. Wer sich hier Sonderwünsche erfüllen oder seinen Lebensstandard nachhaltig steigern möchte, steht einer zusätzlichen Verdienstmöglichkeit sicher positiv gegenüber. Das Gleiche gilt zum Beispiel für Erzieherinnen, Krankenpfleger oder andere im Sozialbereich Tätige.

In der obigen Aufzählung von Erfolg versprechenden Berufsgruppen werden an erster Stelle die Bankkaufleute genannt. Lassen Sie mich anhand dieser Gruppe exemplarisch darstellen, welche Umstände dazu führen können, dass sich jemand mit einem eigentlich ganz guten Beruf für eine zusätzliche Verdiensttätigkeit entscheidet: Innerhalb dieser Gruppe gibt es im Großen und Ganzen zwei Lager, und auch hier zählt das bekannte Pareto-Prinzip 80/20. 80 Prozent der Banker sind zufrieden mit ihrer Arbeitssituation, wie auch immer diese gerade sein mag. Die restlichen 20 Prozent wollen sich in einem anderen Bereich ausprobieren. Denn im Allgemeinen ist es so, dass im Mikrokosmos Bank viele der Angestellten nach dem „Prinzip Hoffnung" leben. Das heißt, sie gehen davon aus, dass sie in einem gewissen Alter automatisch eine Filiale mit Bilanzsumme X übernehmen, solange sie ihre Arbeit den Anforderungen gemäß leisten. Die Beförderung ist hier also nur eine Frage der Zeit, stellt keine übermäßigen Herausforderungen und ist dementsprechend relativ unspektakulär. Der Großteil der Banker macht sich deshalb überhaupt keine Vorstellung davon, sich „draußen" in der freien Wirtschaft in einem Vertrieb zu bewähren. Die oben erwähnten 20 Prozent allerdings schon. Das sind die, die sich nochmals neuen Herausforderungen stellen wollen, die sich nicht mit einer zu 90 Prozent vorhersehbaren hausinternen Karriere zufrieden geben wollen. Um diese 20 Prozent geht es.

Die Kunst – deren Erfolg allerdings mehr oder weniger doch vom Zufall abhängig ist – ist hier, die Ansprache zum richtigen Zeitpunkt zu machen. Das heißt: Schaffen Sie es, einen Banker zum richtigen Zeitpunkt seiner beruflichen Laufbahn anzusprechen? Also genau in dem Moment, in dem er in sich in einer Veränderungsphase befindet und noch keine konkrete Idee hat, in welchem Bereich außerhalb der Bank er seine Fähigkeiten einsetzen kann? Hier gibt es keine Regel. Also: ausprobieren, ansprechen, Optionen bieten. Wenn Sie den richtigen Zeitpunkt erwischt haben, können Sie einen Mitarbeiter gewinnen, der bereits über eine gute Grundausbildung verfügt. Das verkäuferische Know-how kann durch Training optimiert werden.

Wie sieht es allgemein mit Finanzdienstleistern aus? Viele, die bereits seit Jahren Recruiting betreiben, haben die Erfahrung gemacht, dass jemand, der *nicht* aus der Branche kommt, leichter einzuarbeiten ist als jemand, der bereits in der Branche tätig war. Weil der erstens oft alles besser weiß, den Karriereplan nicht akzeptiert oder einfach eine andere Philosophie lebt. Es ist von Vorteil, diese Erfahrungswerte im Bewusstsein zu haben, wenn Sie Personen aus dem Finanzdienstleistungsbereich ansprechen wollen.

Eine weitere Gruppe stellen Automobilverkäufer dar. Bei einer Unterhaltung mit jemandem, der in einem Autohaus tätig ist, zeigen sich die Ansatzpunkte bereits deutlich: Die leistungsorientierte Komponente ist hoch, Nachfassen eine Selbstverständlichkeit und zusätzliche Stunden, abends oder an den Wochenenden, sind an der Tagesordnung, ebenso wie Konfliktgespräche und Preisverhandlungen. Es macht grundsätzlich im Rahmen des Mitarbeiter-Recruitings Sinn, Personen anzusprechen, die aus einem Verdrängungsmarkt kommen. Also liegen Sie sicher richtig, wenn Sie Verkäufer aus der Automobilbranche ansprechen.

Neben der Automobilbranche gibt es einen weiteren absoluten Verdrängungsmarkt: Bürokommunikation. Schlagen Sie einmal im Telefonbuch Ihrer Gegend nach, wie viele Unternehmen es in diesem Bereich gibt. Bei führenden Anbietern galt bis vor einigen Jahren noch die Regel, dass

Verkäufer vier bis sechs Wochen lang Schulungen durchliefen, bevor sie das erste Mal mit einem Kunden persönlich sprechen durften. Telefonakquise wurde zum Beispiel intensiv geschult: Ein Trainer beobachtet die Verkäufer, während diese in einem Telefonakquiseraum in kleinen Sprecherkabinen aus Plexiglas telefonieren. Er kann jederzeit mithören und gibt als Coach entsprechende Tipps. Wenn ein derart geschulter Verkäufer dann zum ersten Mal in den Markt geht und vom Kunden folgende Aussage hört: „Ach, wir arbeiten schon seit Jahren mit XY zusammen, Sie sind uns außerdem viel zu teuer", können Sie sicher sein, dass er mit diesem Einwand entsprechend umgehen kann, weil er solche Gesprächssituationen bereits mehrfach trainiert hat. Gehen Sie davon aus: Wer sich heutzutage in einem Verdrängungsmarkt durchsetzen kann, hat ideale Voraussetzungen für jede andere Branche, in der es um Verkauf geht.

Mitarbeiter aus der Hotellerie und Gastronomie sind ebenfalls eine ideale Zielgruppe für den Aufbau eines Vertriebs. Die Gründe liegen auf der Hand: Im Bereich der Hotellerie und Gastronomie Tätige haben jeden Tag Umgang mit vielen Menschen. Die Arbeitszeiten sind lang, in der Branche wird ein hohes Maß an mobiler und zeitlicher Flexibilität verlangt. Wenn Sie jemandem aus der Hotellerie sagen: „Wenn Sie bei uns im Vertrieb arbeiten, müssen Sie oft auch mal abends zum Kunden", dann hören Sie von ihm mit hoher Wahrscheinlichkeit: „Ja und?". Weiterbildungen am Wochenende werden ihn nicht abschrecken, weil er es gewohnt ist, sich zeitlich flexibel einsetzen zu lassen. Außerdem ist es wirklich relativ einfach, mit den Einkommensmöglichkeiten im Vertrieb die Bedingungen der in der Gastronomiebranche üblichen Tarifverträge zu übertreffen. Gastronomie und Hotellerie heißt immer: viel Arbeit, relativ wenig Einkommen und eine Menge Stress. Ideale Voraussetzungen also für den Wechsel in eine Vertriebstätigkeit.

Ein weiterer Aspekt eröffnet sich bei der Gruppe, die sich aus den fachnahen Bereichen Polizei, Feuerwehr und Bundesgrenzschutz zusammensetzt. Welche Vorteile können in diesen Bereichen Tätige für eine Vertriebstätigkeit mitbringen? Naheliegend: Jemand von der Polizei oder vom BGS hat höchstwahrscheinlich keinerlei Problem, sich selbst im Zusammenhang mit einer festen Struktur zu sehen und in Karrierestufen zu denken. Wenn Polizisten oder Soldaten sich begegnen, fällt der erste Blick erst einmal auf die „Streifen" – das Leben ist dort, wie auch im Strukturvertrieb, eine „Hackordnung". Stellen Sie sich mal den Dienst eines Polizisten vor. Wie viele hundert Überstunden schiebt er vor sich her? Wie viele Konfliktgespräche hat er? Wer von uns hat nicht schon einmal versucht, sich im Dialog mit einem Polizisten aus einer begangenen Ordnungswidrigkeit herauszureden? Es gibt sicher keine Ausrede, die ein Polizist in seinem Leben noch nicht gehört hat, mit der er nicht umzugehen gelernt hat. Polizisten haben einen weiteren Vorteil: Schichtdienst und die damit verbundenen Möglichkeiten, in der freien Zeit mit einer nebenberuflichen Tätigkeit einfach mal anzufangen und so unverbindlich in die Materie hineinzuschnuppern.

Letztendlich können Sie nur gewinnen: Sprechen Sie gezielt Mitarbeiter aus Verdrängungsmärkten an, aus dem Außendienst, der Hotellerie, der Gastronomie, aus sozialen Berufen, Dienstleistungsberufen, der Polizei, der Feuerwehr, dem Bundesgrenzschutz. Sie werden sicher auf Resonanz stoßen.

Zusammenfassung

Betrachten Sie die Berufsgruppen, die mit ihren Vor- und Nachteilen in Bezug auf eine Vertriebstätigkeit aufgeführt wurden, als exemplarisch. Diese Erfahrungswerte basieren auf zahlreichen Gesprächen mit Betriebsleitern, können allerdings auch auf andere verwandte Gruppen angewandt werden. Auf alle Fälle nützt Ihnen jeweils ein gewisses Maß an Vorwissen über die jeweiligen Berufsverhältnisse, um zumindest abwägen zu können, ob ein Recruitingversuch sinnvoll ist.

5. Die Möglichkeiten der Mitarbeitergewinnung

Im letzten Kapitel wurde dargestellt, welche Menschen für den Vertrieb besser geeignet sind, welche weniger und welche Branchen in die engere Auswahl kommen können – also wie Sie sich einen Pool an Kontaktadressen verschaffen, mit dem Sie arbeiten können. Nun stellt sich die die eigene Auswahl, wie Sie diese ganz bestimmten Gruppen am effektivsten erreichen. Mit diesem Thema beschäftigen wir uns in diesem Kapitel: Wie erreichen Sie genau die Personen, mit denen Sie Kontakt aufnehmen möchten?

Manch einer denkt bestimmt an die Möglichkeit, Anzeigen zu schalten. Das ist allerdings eine teure Angelegenheit, außerdem melden sich mit Sicherheit nicht die Interessenten, die Sie brauchen. Denn gute Leute sind normalerweise unter Vertrag, das heißt, sie lesen keine Anzeigen. Die Trefferquote mit dieser Methode ist also unzureichend. Besser funktioniert es auf jeden Fall, wenn Sie potenzielle Kandidaten aus Ihrem Umfeld direkt ansprechen.

Ein weiterer effektiver Weg ist die Telefonakquise – hier allerdings ist es unabdingbar, dass Sie mit „gutem Material" arbeiten, das heißt, dass Sie über genügend Rufnummern verfügen. Die müssen Sie sich natürlich erst einmal beschaffen. Es gibt Vertriebe, die hier eine ganz bestimmte Vorgehensweise empfehlen, um sich gezielt an eine ausgewählte Gruppe heranzutasten und sich mit den Menschen vertraut zu machen: die Methode des **„telefonischen Maulwurfgesprächs".**

Das „telefonische Maulwurfgespräch"

Ähnlich wie sich ein Maulwurf unter dem Rasen hindurch seine Gänge gräbt, um vorwärts zu kommen, und schließlich von seinem Erdhügel aus ans Tageslicht gelangt, so kommen Sie mit der Maulwurf-Methode

Nutzen Sie Maulwurfgespräche, um potenzielle Vertriebspartner auszuloten.   (Grafik: Corinne Courlet, Köln)

an interessante Kontaktpersonen. Mit telefonischen Maulwurfgesprächen können Sie potenzielle Vertriebspartner auf relativ einfache Art und Weise ausloten. Ich möchte Ihnen die Strategie anhand eines konkreten Beispiels vorstellen, anhand einer Gruppe, bei der diese Methode sehr gut und effektiv durchzuführen ist: der Gruppe der Automobilverkäufer. Dabei ist der Hersteller bzw. das Unternehmen, für das diese arbeiten, vollkommen irrelevant. Nehmen Sie das Branchenbuch zur Hand – hier steht Ihnen immer noch das günstigste und aktuellste Adressenpotenzial zur Verfügung – und rufen Sie in einem Autohaus an. Oder in einem Möbelgeschäft, einem Einbauküchenstudio oder irgendeiner Industrievertretung. Der Ablauf ist fast immer identisch. Meistens haben Sie erst einmal eine junge, freundliche Dame in der Zentrale am Apparat. In unserem Beispiel-Autohaus sprechen Sie sie dann auf folgende Weise an:

„Guten Tag, mein Name ist ... Ich war letzte Woche bei Ihnen im Autohaus und habe mit einem jungen Mann gesprochen, so um die 25, 30, gepflegte Erscheinung, sympathisch. Er hat mir seine Visitenkarte gegeben, die ich leider verlegt habe. Ich habe den Namen also nicht mehr vorliegen. Wer könnte das denn gewesen sein?"

Was glauben Sie, wie wird die Telefonistin in der Zentrale erfahrungsgemäß wohl reagieren? Richtig! Sie wird Ihnen gerne behilflich sein, denn auch sie denkt an den potenziellen Umsatz, den der hausinterne Verkäufer mit Ihnen eventuell realisieren kann. Der Dialog setzt sich dann folgendermaßen fort:

„Da haben wir den Herrn Scheel, der ist für den Verkauf zuständig."

„Scheel, Scheel, irgendwie klang der Name anders. Haben Sie sonst noch jemanden?"

„Ja, den Herrn Klink."

„Wen noch? Haben Sie vielleicht noch jemanden?"

„Da sind nur die beiden."

„Ja, haben Sie vielleicht eine Aufteilung zwischen Gebrauchtwagen und Neuwagen?"

„Ja, einen Moment bitte, ich gebe Ihnen die Namen und die Durchwahlen."

So können Sie noch eine Weile weitermachen. Je nachdem, wie groß dieses Unternehmen ist, haben Sie im Anschluss drei, vier, fünf, sechs ... 15 Namen. Dann können Sie das Gespräch auf freundliche Weise abschließen, indem Sie sagen:

„Nein, das bringt uns leider nicht weiter, ich dachte, dass ich den Namen wiedererkenne, wenn ich ihn höre. Es wird das Beste sein, wenn ich nächste Woche noch mal persönlich zu Ihnen komme. Wenn ich ihn sehe, dann weiß ich sofort, wer es war, und würde dann gerne an dieses Gespräch anknüpfen. Vielen Dank für Ihre Mühe und schönen Tag noch – auf Wiederhören!"

Und Sie hängen wieder ein.

Es gibt Vertriebe, die für ihre Mitarbeiter einen Wettbewerb ausschreiben, wer mit dieser Vorgehensweise die meisten Namen auslotet. Sie werden feststellen – wenn Sie sich für diese Vorgehensart entscheiden –, dass auf diese Weise ziemlich schnell der „Jagdinstinkt" geweckt wird: Sobald Sie mit relativ geringem Aufwand die ersten Adressen gesammelt haben, wird Ihr Ehrgeiz geweckt und Sie stecken sich vielleicht selbst ein Ziel, das Sie in einigen Stunden Telefonat erreichen möchten. Das können durchaus 100 bis 150 Namen sein.

Genauso können Sie bei Unternehmen für Bürokommunikation vorgehen oder im Bereich der Hotellerie und Gastronomie. Sie rufen zum Beispiel in einem Hotel an und sagen:

„Ich hatte vor kurzem ein Gespräch mit dem Verantwortlichen in Ihrem Unternehmen bezüglich Bankettverkauf, Seminarplanung etc. Wer kann das gewesen sein?"

Und auch hier werden Sie sicher jeweils zwei oder drei Namen erhalten. Die Vorgehensweise der Maulwurfgespräche ist in den meisten Branchen möglich, die Dienstleistungen und Produkte verkaufen und im Branchenbuch zu finden sind. Sie haben also die Chance, Namen in der Breite und mit dem Anforderungsprofil zu sammeln, mit dem Sie arbeiten möchten.

Ob Sie sich für diese Art des Recruitings entscheiden, hängt ganz von Ihrem persönlichen Naturell ab. Überlegen Sie sich, ob Sie mit dieser Methode gut arbeiten können, und im positiven Fall fangen Sie am besten so schnell wie möglich damit an!

Wie gehen Sie dann weiter mit dem Material vor, das Sie während der Telefonate gesammelt haben? Sie haben nun auf jeden Fall einen Nachnamen und eine aktuelle Telefonnummer. Außerdem wissen Sie, in welcher Position diese Person tätig ist. Diese Informationen werden auf kleine Karten notiert, Sie legen also eine kleine Datei an. Am besten lassen Sie dann etwas Zeit verstreichen. Denn wenn Sie eine Stunde später wieder anrufen, kann es sein, dass die Mitarbeiterin in der Zentrale Sie wiedererkennt. Lassen Sie das Material einfach eine Woche „erkalten". Die meisten behalten über diese Woche hinweg ihren Arbeitsplatz bei. Dann rufen Sie wieder an und verlangen Herrn Scheel, zu dem Sie gerne durchgestellt werden. Mit ihm eröffnen Sie das Gespräch auf folgende Weise:

„Guten Tag, Herr Scheel. Herr Scheel, es geht um Folgendes: Letzte Woche im Gespräch mit einem Ihrer Bekannten/Kollegen ging es um berufliche Veränderung. Ihr Bekannter sagte, dass Sie in punkto Automobilverkauf (bzw. Bürokommunikation bzw. ...) einen hervorragenden Job machen. Er sagte auch, dass Sie gleichzeitig immer ein offenes Ohr haben, wenn es um neue berufliche Perspektiven geht und um die Möglichkeit, noch mehr Geld zu verdienen, die Chance, in einer anderen Branche noch schneller Karriere zu machen. Er meinte, dass Sie aufgrund Ihrer Fähigkeiten hierfür besonders geeignet sind. Was halten Sie davon, dass wir uns persönlich kennen lernen und über eine Zusammenarbeit sprechen?"

Wahrscheinlich haben Sie den Satz noch nicht zu Ende geführt, da kommt die Frage:

„Mit wem haben Sie gesprochen? Wer war das?"

Natürlich fragt Ihr Gegenüber das. Denn die Menschen sind neugierig. Wie gehen Sie nun am besten mit diesem Einwand um? Sie reagieren zum Beispiel mit folgender Einwandbehandlung (das Thema „Einwandbehandlung wird in den Kapiteln 10 und 11 noch ausführlich behandelt):

„Herr Scheel, vollkommen klar, Sie wollen natürlich wissen, aus welcher Richtung der Wind weht. Nur mal angenommen, Herr Scheel, wir beide hätten uns zuerst getroffen. Sie hätten diese interessanten Karrierechancen kennen gelernt, Sie wüssten im Detail, worum es geht, und Sie hätten an einen Kollegen gedacht, einfach um ihm auch einen guten Tipp weiterzugeben. Gleichzeitig hat Ihr Bekannter um Diskretion gebeten. Und wenn es um berufliche Veränderung geht, dann ist Diskretion auf jeden Fall oberstes Gebot. Er hat versprochen, dass er Sie bei Gelegenheit unter vier Augen ansprechen wird. Er möchte erst einmal, dass Sie sich völlig neutral selbst ein Bild verschaffen. Wir können uns natürlich über diesen Punkt auch unterhalten, wenn wir uns persönlich kennen lernen. Die Frage ist nur: Schaffen wir das noch diese Woche oder müssen wir vielleicht auf nächste Woche ausweichen?"

Sie können nun mit zwei Reaktionen rechnen. Entweder hören Sie:

„Wenn Sie mir nicht sagen, mit wem Sie gesprochen haben, dann brauchen wir das Gespräch gar nicht weiterzuführen."

In diesem Fall ist es wichtig, eventuell eine zweite Einwandbehandlung in der Hinterhand zu haben. Sollte Ihr Gesprächspartner sich auch hierauf nicht einlassen – dann bleibt Ihnen nur noch die freundliche Verabschiedung.

Die zweite Kategorie der Angerufenen lässt sich auf eine Weiterführung des Kontaktes ein.

Üben Sie den Gesprächseinstieg und die Einwandbehandlung in diesem Fall systematisch und denken Sie auch hier immer wieder daran: Übung macht den Meister!

„Blinder" Empfehlungseinstieg

„Herr ..., der Anruf heute bei Ihnen hat einen ganz besonderen Grund:
In der vergangenen Woche im Gespräch mit einem Ihrer Bekannten/ Kollegen ging es um

berufliche Aufstiegschancen
und
ein höheres Einkommen.

Ihr Bekannter/Kollege sagte, dass auch Sie immer ein offenes Ohr dafür haben, wenn es sich um

optimale Karrierechancen
und
mehr Verdienst

handelt, und hat darum gebeten, mit Ihnen Kontakt aufzunehmen."

Angerufener: *„Wer war das? Mit wem haben Sie gesprochen?"*

„Klar, dass Sie das interessiert! Stellen Sie sich einmal vor, wir hätten uns zuerst kennen gelernt und über dieses Thema miteinander gesprochen, und Sie hätten den Namen Ihres Bekannten/Kollegen weitergegeben und gleichzeitig um entsprechende Diskretion gebeten. Dann ist ja klar, dass man sich daran hält. Wenn wir uns persönlich kennen lernen, können wir gern auch über diesen wichtigen Punkt miteinander sprechen."

(Abschlussfrage)

Wenn Sie in dieser Form akquirieren, um Verkaufstermine zu machen, ist die Quote lange nicht so hoch, wie wenn Sie diese Vorgehensweise im Recruiting einsetzen. In diesem Fall ist es nicht unabdingbare Voraussetzung, den Namen des Empfehlungsgebers zu nennen. Erfolgreiche Telefonakquisiteure oder zum Beispiel Mitarbeiter von Kapitalanlage-Call-Centern rufen mit diesem Einstieg jeden Tag unzählige Menschen an. Auf die Frage „Mit wem haben Sie gesprochen?" wird geantwortet: „Oh, das ist nicht mehr so ganz recherchierbar, es war eine größere Gruppe bei einer Veranstaltung, ich habe mir nur eine kleine Notiz gemacht, und die Telefonnummer kann ich jetzt nicht mehr ganz zuordnen." Diese Vorgehensweise ist also üblich und rechnet sich im Ergebnis, das heißt, der Weg über einen Dritten lohnt sich! Durch dieses Dreiecksverhältnis erhält nämlich der „Verkäufer" – ob eines Produktes oder eines neuen Aufgabengebietes – einen Vertrauensvorschuss, der ihm das Gespräch sehr viel leichter macht, als es bei einem „kalten" Einstieg der Fall wäre.

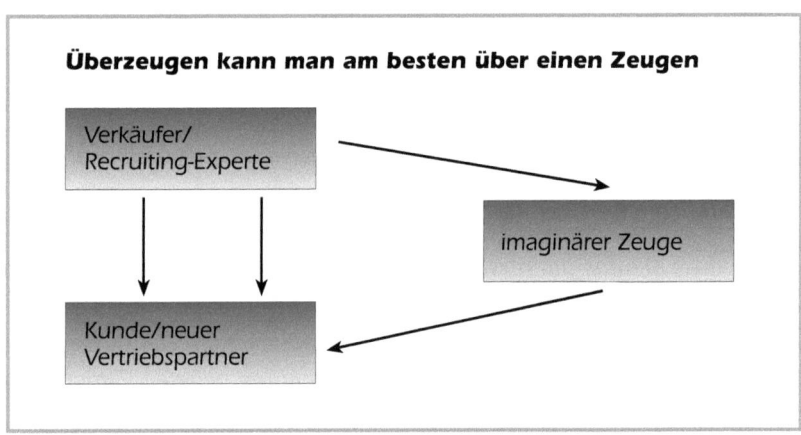

Überzeugen kann man am besten über einen Zeugen! Stellen Sie sich am besten noch einmal vor, wie folgende Formulierung bei Ihrem Gegenüber ankommt:

„Ein bekannter Kollege sagte, Sie sind durchaus immer interessiert daran, neue berufliche Perspektiven kennen zu lernen. Er meinte, dass Sie aufgrund Ihrer Fähigkeiten in unserer Branche in kürzester Zeit eine steile Karriere hinlegen können. Er sagte, in punkto XY sind Sie unglaublich fähig und begabt. Auf jeden Fall macht es Sinn, dass wir uns bald kennen lernen und darüber sprechen. Einfach, um Ihnen mal die Chance einzuräumen, Näheres über diese Tätigkeit zu erfahren ..."

Stimmen Sie zu, dass Menschen nach dieser positiven Einschätzung eines Kollegen bzw. Bekannten Ihren Worten einen anderen Stellenwert beimessen, als wenn Sie als „Wildfremder" einen normalen Termin machen wollen?

Die Erfolgsquote bei dieser Art von Telefon-Recruiting ist erfahrungsgemäß sehr hoch. Im besten Fall können Sie einen Termin vereinbaren, im schlechtesten Fall bekommen Sie eine Ablehnung. Dann rufen Sie den nächsten Namen auf Ihrer Liste an.

Grundsätzlich geht es bei jedem Gespräch dieser Art darum, die Chance zu erhalten, mit Ihrem potenziellen Kandidaten über die beruflichen Perspektiven zu sprechen. Also zum Beispiel darum, wie Sie ihn dazu bewegen können, eine Ihrer Informationsveranstaltungen zu besuchen. Die Möglichkeit zu schaffen, ihm in einem Vier-Augen-Gespräch den Karriereplan zu erläutern. Ihn davon zu überzeugen, dass er eine reelle Chance hat, nebenberuflich sein Einkommen zu erhöhen.

Das Telefon als Mittel zum Zweck (= Termin)

Das Telefon ist im Zusammenhang des Mitarbeiter-Recruitings Mittel zum Zweck, um einen Termin realisieren zu können. Das heißt, das Telefonat soll im günstigsten Fall dazu führen, dass Ihnen der potenzielle Kandidat gegenübersitzt und Sie ihm die Möglichkeiten und Chancen persönlich kommunizieren können.

Probieren Sie das oben beschriebene Vorgehen einfach einmal aus, wenn es zu Ihnen passt – konsequent über einen bestimmten Zeitraum, zum Beispiel über sechs Wochen. Auch in der Personalberatung werden mit dieser Methode – „direct search" – Kontakte hergestellt. Die

Schritte werden von Mitarbeitern im Call-Center ausgeführt, sie vereinbaren Termine, die dann an den entsprechenden Bearbeiter weitergeleitet werden. Das Ziel der Personalberater ist dann in der weiteren Phase, ein Treffen an einem neutralen Ort – meist im Hotel – zu vereinbaren. Viele der Angesprochenen möchten auf diesem Weg ihren Marktwert testen – außerdem spielt natürlich auch eine bestimmte Neugierde bezüglich der angebotenen Tätigkeit eine Rolle. Gute Voraussetzungen also für ein Gespräch.

Auch der Zeitpunkt Ihres Anrufs ist entscheidend für die Erfolgsaussicht. Wenn zum Beispiel innerhalb eines Unternehmens eine Person gerade bei der Beförderung übergangen wurde oder wenn sich hausintern das Klima verändert hat, ist ein gewisses Maß an Unzufriedenheit vorhanden. Und damit die ideale Voraussetzung gegeben, einen Wechsel vorzuschlagen.

Ziel der Telefonakquise beim Recruiting: der Termin!

Genau das wollen Sie erreichen – nicht mehr und nicht weniger: die Bereitschaft Ihres Gegenübers, sich das Ganze erst einmal anzuhören, seine Möglichkeiten auszuloten, sich mit Ihnen zu treffen. Es geht im ersten Schritt nur darum, per Telefon einen Termin zu vereinbaren. Sie wollen ihm gegenüber sitzen und Auge im Auge mit ihm sprechen. Ziel des Telefonats ist erst einmal der Termin für ein persönliches Kennenlernen.

Ein einziges Gespräch, ein einziger Anruf kann der Auslöser für einen entscheidenden Schritt nach vorne sein. Jeder, der bereits Recruiting-Erfahrung gesammelt hat, kennt solche Geschichten. Da wird mit einem Telefonat eine immense Empfehlungskette initiiert. Da entsteht durch ein Gespräch eine neue Vertriebsgruppe. Wir wissen eben nur nicht, welches dieser Telefonate, welches dieser Gespräche zum Erfolg führt. Beim Recruiting – wie in vielen anderen Situationen auch – lautet die Frage: Wie viele Frösche müssen wir küssen, bis ein Prinz dabei herauskommt?

Das Telefon stellt *das* ideale Kontaktinstrument dar: Im Bewerbungsgespräch wird das Interesse geweckt und der persönliche Nutzen der neuen Tätigkeit klar herausgestellt. Dann wird ein Termin vereinbart. Im Bereich des Auf- und Ausbaus von (Struktur-)Vertrieben ist der Rahmen für ein solches Treffen im Allgemeinen die Informationsveranstaltung. Bevor wir also stärker in die Motive, weitere Möglichkeiten zur Kundenansprache und in konkrete Formulierungsbeispiele einsteigen, möchte ich Ihnen im nächsten Kapitel die Grundregeln zur kompetenten Durchführung einer Informationsveranstaltung an die Hand geben. Denn genau hier entscheidet sich, ob ein Kandidat auch ein neuer Mitarbeiter wird.

Zusammenfassung

Entscheiden Sie sich ganz klar, welche Methoden Sie anwenden möchten, um potenzielle Mitarbeiter anzusprechen, machen Sie sich mit den entsprechenden Vorgehensweisen vertraut und führen Sie sich immer wieder das Ziel Ihrer Telefonakquise vor Augen: den Termin! Und nicht vergessen: Wesentliche Erfolgsfaktoren sind gute Vorbereitung sowie die Bereitschaft, Zeit und Engagement in die Telefonate zu investieren.

6. Die perfekte Durchführung einer Infoveranstaltung

Nachdem das Ziel des Telefonats mit einem potenziellen Mitarbeiter oder Vertriebspartner erreicht wurde – das heißt ein Termin vereinbart ist –, steht die Vorbereitung des Treffens an. Mit der Einladung zu einer Informationsveranstaltung können Sie gleich mehrere Interessenten zusammenfassen, um diese in der Gruppe über ihre Karrieremöglichkeiten und Chancen zu informieren.

Wodurch zeichnet sich eine gute Infoveranstaltung aus? Wie gestalten Sie das Treffen so, dass Sie eine möglichst hohe Erfolgsquote erzielen können, das heißt das Interesse der „Kandidaten" wecken oder sie sogar schon von der Idee einer neuen Tätigkeit begeistern? Überlegen Sie einmal, wie Ihre bisherigen Infoveranstaltungen verlaufen sind. Waren die Teilnehmer von der Idee angetan, hat sie das Angebot Ihres Vertriebs begeistert? Wie hoch war die Teilnehmerzahl? Wie viele Bewerber sind durchgestartet? Vielleicht betrachten Sie mal eine Informationsveranstaltung aus einer ganz anderen Branche. Nach dem Motto „Lieber gut kopiert als schlecht kreiert" kann man sich dort sicher die ein oder andere Anregung holen. Das gilt sowohl für erfahrene Recruiting-Experten als auch für Neulinge im Vertriebsaufbau. Abgesehen davon, dass Sie eventuell aus eigenen Erfahrungen schöpfen können, gibt es für die Durchführung natürlich bestimmte Grundregeln und Dinge, die zu beachten sind. Im Folgenden sind die wichtigsten aufgeführt:

Wesentliche Punkte für die Durchführung einer Infoveranstaltung

- Einladung/Bestätigung – „Eintrittskarte"/„Freikarte"
- Veranstaltungsort: Büro oder Hotel
- Wochentag
- Kleiderordnung
- Bestuhlung
- Medien
- Pünktlichkeit
- Infoleitfaden
- Infounterlagen
- Verschiedene Infosprecher

Gerade der Multi-Level-Marketing-Bereich führt Informationsveranstaltungen hochprofessionell durch, das schlägt sich natürlich in der Erfolgsquote nieder. Sich solche Veranstaltungen als Modell zu nehmen, ist also sicher sehr hilfreich.

Ihre Infoveranstaltungen sollten einem ganz bestimmten, festgelegten Standard entsprechen. Definieren Sie diesen für sich und versuchen Sie auch, ihn durchgehend beizubehalten – ähnlich wie bei McDonald's zum Beispiel. Wenn Sie bei McDonald's einen Hamburger essen – ob in Hongkong, in Los Angeles oder in der Münchner Innenstadt –, wird er Ihnen nach ganz bestimmten Regeln serviert: Ein Hamburger hat zum Beispiel grundsätzlich eine Gurke, ein Big Mac zwei. Dafür gibt es ein Handbuch, nach dem sich alle Filialen und Mitarbeiter zu richten haben. Darin sind sogar die Grammzahlen von Mayonnaise und Ketchup festgelegt. Es gibt also einen klaren Standard. Genauso sinnvoll ist es, für die Durchführung von Infoveranstaltungen einen bestimmten Standard „hochzuhalten", vor allem für große Vertriebe, die zum Beispiel bundesweit wöchentlich zwanzig und mehr Informationsveranstaltungen durchführen. Von diesem Standard profitieren Sie und auch Ihre potenziellen Kandidaten, die Sie während eines solchen Treffens wahrscheinlich zum ersten Mal persönlich erleben.

Die meisten (Struktur-)Vertriebe arbeiten mit einem Infoleitfaden, in dem zum Beispiel festgelegt ist, dass die durchschnittliche, normale Infoveranstaltung eineinhalb bis zwei Stunden dauert. Er legt auch fest, welche Themen in welcher Reihenfolge behandelt werden. Die wichtigsten Punkte sind folgende:

1. Das Unternehmen: Inhalt, Position im Markt, Struktur
2. Die Tätigkeit: Erwartungen an einen zukünftigen Mitarbeiter
3. Karrierechancen und Einkommen

Wenn Sie als Sprecher eventuell bereits 100 Infoveranstaltungen durchgeführt haben, tendieren Sie ab einem bestimmten Zeitpunkt dazu, das Ganze abzukürzen, Sie werden immer schneller. Routine verleitet dazu zu kürzen. Der Infoleitfaden hilft Ihnen dabei, mit Ihrem Programm auf Linie zu bleiben, das heißt wirklich darauf zu achten, dass Sie jedes Mal die zwei vorgeschriebenen Stunden voll ausschöpfen. Weiter unten in diesem Kapitel wird das Thema „Infoleitfaden" nochmals ausgeführt, an dieser Stelle möchte ich jedoch bereits betonen, dass Sie dieses Instrument auf jeden Fall für sich nutzen sollten.

Die Infoveranstaltung ist ein ganz entscheidender Dreh- und Angelpunkt. Ob Sie jemanden für eine (nebenberufliche) Tätigkeit gewinnen können und wen Sie genau gewinnen, entscheidet sich nicht beim ersten Telefonat, sondern bei diesem ersten Treffen. Was müssen Sie also in diesem Rahmen vermitteln? Auf jeden Fall Interesse, Begeisterung, Perspektiven, Mut zu etwas Neuem! Und der Spaß sollte nicht zu kurz kommen. Spielen Sie Ihren Humor aus: Wenn Sie es geschafft haben, mit den Info-Teilnehmern zu lachen, ist das Eis schon gebrochen.

Eine gelungene Informationsveranstaltung zeichnet sich zudem dadurch aus, dass es Ihnen gelungen ist, die Teilnehmer davon zu überzeugen, dass es einen Markt gibt. Sie müssen Perspektiven und Möglichkeiten mit großen Herausforderungen und Wachstumspotenzial vorstellen, also einen glaubhaften Anreiz präsentieren, der die „Kandidaten" dazu bewegen kann, aus ihrem bisherigen Aufgabengebiet auszusteigen oder sich nebenberuflich zu engagieren.

Was Sie berücksichtigen müssen, um eine gute Informationsveranstaltung durchzuführen, möchte ich Ihnen anhand der im Folgenden aufgelisteten Punkte vorstellen. Verstehen Sie die Ausführungen als Anregungen. Denn ganz wichtig bei der Veranstaltung ist und bleibt: Ihr ganz persönlicher Stil.

Einladung/Bestätigung

Eine schriftliche Einladung bzw. die darauf folgende Bestätigung von Ihrer Seite ist ein zusätzlicher Aufwand, keine Frage. Aber ein Aufwand mit großer Wirkung: Versetzen Sie sich einmal in die Lage eines Infogastes. Sie erhalten nach erfolgter (telefonischer) Einladung eine kurze Bestätigung mit dem Termin, der genauen Uhrzeit, einer Anfahrtsskizze und anderen eventuell notwendigen Informationen. Sie gehen an Ihren Briefkasten und haben etwas in der Hand. Sicher empfinden Sie es dann auch so, dass der erste Kontakt durch dieses Stück Papier eine andere Wertigkeit bekommt. Als derjenige, der einlädt, dokumentieren Sie so außerdem Ihre professionelle Arbeitsweise.

Von hohem Wert und großer Wirkung sind die so genannten „Eintrittskarten" zur Infoveranstaltung. Lassen Sie Eintrittskarten drucken. Eintrittskarten zum Kurzseminar, zur Berufsinformation, je nachdem wie Sie die Veranstaltung bezeichnen. Sie lassen natürlich kein Datum eintragen, sondern stempeln das Datum jeweils aktuell auf. Aufgedruckt ist auch eine Teilnahmegebühr – das können 10 Euro sein, 12 Euro, 15

Euro, Mutige nehmen sogar 30 Euro. Dann stempeln Sie diese Karten mit dem Aufdruck „Freikarte" wieder frei.

Diese Karten geben Sie an Ihre potenziellen Kandidaten weiter: zum Beispiel Ihrem Kunden, vielleicht auch jemandem, den Sie zufällig kennen lernen oder mit dem Sie beim Einkaufen ins Gespräch kommen. Nehmen Sie diese Karten mit auf die nächste Party. Wenn kein Datum fixiert ist, tragen Sie es mit Kugelschreiber ein. Der potenzielle Mitarbeiter erhält dann also nicht mehr nur eine Karte, sondern einen Wert von 10 oder eben 30 Euro. Das macht Eindruck. Vielleicht ergibt sich auch die Möglichkeit zu sagen:

„Jemand wie Sie kennt bestimmt auch andere Menschen, die Interesse an einer Veränderung in beruflicher Hinsicht haben. Wenn Sie diese Chance auch noch einem guten Freund einräumen wollen, gebe ich Ihnen gerne noch eine zweite Karte dazu."

Und Sie geben ihm eine zweite Karte. Es ist ein Unterschied, ob Sie ihm einfach nur eine Einladung geben oder ihm (angeblich) 10, 12 oder 30 Euro schenken. Sie werten die Einladung immens auf.

Bei der Veranstaltung muss dann natürlich auch jemand anwesend sein, der den Nachweis der Karten verlangt. Für den Fall, dass Sie Bedenken haben, ob die Teilnehmer wohl merken, dass ja eigentlich alle Freikarten haben: Diese „Gefahr" ist allerdings relativ gering. Und wenn wirklich ein Teilnehmer sagen sollte: „Ich habe diese Eintrittskarte von meinem Berater geschenkt bekommen, ich bin ja schon seit zwei Jahren Kunde", dann reagiert der andere wahrscheinlich: „Bei mir war das ähnlich." Keiner von beiden wird weiter darüber nachdenken.

Wie bei allen Aktionen, die Erfolg bringen sollen, gilt auch hier: Ganz ohne Aufwand geht es nicht. Sie müssen die Karten drucken lassen, Sie müssen sie dabeihaben, Sie müssen sie verteilen. Testen Sie dieses System einmal für zwei oder drei Monate und finden Sie heraus, wie erfolgreich es ist. Geben Sie eine Karte weiter, reichen Sie eine weitere nach, fragen Sie, ob der Angesprochene vielleicht noch mehr Freunde bzw. Bekannte mitbringen will. So vergrößern Sie mit geringem weiterem Aufwand die Anzahl der Infogäste. Denn wer von uns wirft schon einen 10- oder 30-Euro-Gutschein einfach weg?

Veranstaltungsort: Büro oder Hotel?

Sie haben es sicher auch schon erlebt – die Einladung ins Hotel hat heutzutage etwas leicht Anrüchiges. Früher war es sehr schick, Infoveranstaltungen in einem Luxushotel abzuhalten. Heute hat der Treffpunkt Hotel sehr an Attraktivität verloren. Wenn es also irgendwie möglich und der Raum einigermaßen repräsentativ ist, nutzen Sie Ihr Büro für das Treffen. Der zukünftige Mitarbeiter kann so auch schon mal den „Stallgeruch" des Unternehmens kennen lernen.

Stellen Sie in Ihrem Büro eine Atmosphäre gepflegter Gastlichkeit her, denken Sie an einen nicht zu aufwendigen Blumenstrauß im Vorzimmer und sorgen Sie dafür, dass Kaffee, Mineralwasser und vielleicht der eine oder andere Obstsaft bereitstehen. Die Teilnehmer sollen sich bei Ihnen ja wohl fühlen.

Wochentag

Gibt es den idealen Wochentag für eine Infoveranstaltung? Früher wurden verschiedene Standpunkte vertreten: Montagabend eignet sich gut als frischer Auftakt in die Woche, Montagabend sind viele Kneipen zu, Montagabend sind die meisten noch gut erholt vom Wochenende. Manche schwören auf den Donnerstag: Das Wochenende steht vor der Tür, man ist von der Arbeitswoche noch nicht vollkommen ausgepowert. Früher galt der Donnerstag sogar in vielen Branchen als fester Infotag – bis zum verkaufsoffenen Donnerstag, der dem Abend dann wieder einen anderen

Stellenwert gab. Einige ziehen den Samstagvormittag vor mit der Begründung, dass die Leute dann den Kopf von ihrem Arbeitsalltag frei haben. Außerdem bestünde dann die beste Möglichkeit, gemeinsam schon die ersten Termine für die darauf folgende Woche zu machen.

Fazit: Den optimalen Wochentag für eine Infoveranstaltung gibt es nicht.

Kleiderordnung

Können Sie von Ihren Infogästen verlangen, dass diese in Geschäftskleidung kommen? Welche Vorteile soll das haben? Kann ich den Menschen nicht gönnen, zumindest auf der Infoveranstaltung leger gekleidet zu sein, zumal, wenn sie am Samstagvormittag stattfindet? Und – ganz wichtige Frage: Wie konsequent sind Sie im Ernstfall, wenn es darum geht, die festgelegte Kleiderordnung durchzusetzen?

Zu diesem Punkt möchte ich Ihnen eine kleine Geschichte erzählen: Vor ein paar Jahren habe ich eine Infoveranstaltung besucht. Da saß jemand drin, der hatte so etwas Ähnliches wie eine Lederjacke an. Gegen eine Lederjacke ist ja grundsätzlich nichts zu sagen. Diese Jacke allerdings war etwas Besonderes: aus Hunderten von Flicken zusammengesetzt, in allen möglichen Farben, speckig und ausgebeult. Das Ganze kombiniert mit ein paar ausgetretenen Sportschuhen und einer zerrissenen Jeans. Auf dem Platz daneben saß ein Interessent in Geschäftskleidung, der sich wahrscheinlich so seine Gedanken machte nach dem Motto: „Wenn die so einen ungepflegten Zeitgenossen einstellen, weiß ich nicht, ob ich hier so ganz richtig bin." Der Bewerber nimmt ja ein Bild von Ihrem Vertrieb mit nach Hause. Also stellt sich für Sie die Frage: Wie verhalten Sie sich, wenn ein Infogast kommt, der aussieht, als hätte man ihn letzte Woche auf der Bounty rekrutiert? Nehmen Sie es in Kauf? Oder sind Sie konsequent und schicken ihn wieder nach Hause?

Ich rate Ihnen: Komplimentieren Sie diesen Gast hinaus. Höflich, aber bestimmt. Die Wahrscheinlichkeit, dass er sein Äußeres ändert, dass er seine Einstellung ändert, ist gering. Sie werden also keinen potenziellen Umsatzträger verlieren, indem Sie auf ihn verzichten, sondern eher die anderen Teilnehmer aufwerten.

Bestuhlung

Wie sieht die optimale Bestuhlung aus? Ich habe schon Infoveranstaltungen erlebt, bei denen es mehr leere als besetzte Stühle gab. Stellen Sie sich einen Schulungsraum für circa 30 Teilnehmer vor. Sie haben 15 Zusagen, von denen schließlich 12 kommen. Die sitzen im Raum verstreut. Welches Bild nehmen die Teilnehmer wohl mit nach Hause? „Aha – die haben vielleicht mehr erwartet und es hat sich wohl nicht so gefüllt?" Darauf folgt der Gedanke: „Na, so lohnenswert kann dieser Job ja dann doch nicht sein!". Auch wenn es etwas aufwendig sein mag, die Stühle immer wieder neu zu arrangieren, und Sie vielleicht noch einen Stellraum für die nicht benötigten Stühle brauchen, nutzen Sie den psychologischen Effekt der Bestuhlung:

Wenn Sie 15 Infogäste erwarten, stellen Sie nur 10 Stühle in den Raum. Denn es kommen vielleicht nur 12. Und wenn Sie noch nachträglich Stühle hereintragen müssen, wird hiermit schon ein besonderer Akzent gesetzt. Sie zeigen so einen Sog auf, demonstrieren unauffällig, dass Ihre Veranstaltung gefragt ist und werten damit wiederum die Persönlichkeit Ihrer anwesenden Gäste auf.

Eine bewährte Stuhlanordnung ist die so genannte parlamentarische Sitzordnung, also dem Sprecher zugewandte Sitzreihen, eventuell leicht geschwungen, je nach Form des Raumes, in dem die Veranstaltung stattfindet. Sie haben so einen besseren Blickkontakt. Wenn Sie eine kleinere Gruppe haben, können Sie auch mal die U-Form testen. So haben Sie besseren Kontakt zu den Teilnehmern.

Infounterlagen

Sicher möchte der Teilnehmer Ihrer Veranstaltung gerne Unterlagen mit nach Hause nehmen. Gibt es in Ihrem Unternehmen Infounterlagen, die es für Laien verständlich beschreiben, eine Imagebroschüre zum Beispiel, die das Unternehmen vorstellt? Gibt es vielleicht einige aktuelle Zeitungsausschnitte über das Unternehmen, über die derzeitige Marktsituation, über das Tätigkeitsfeld im Allgemeinen?

Ihr potenzieller Mitarbeiter wird ein gutes Gefühl dabei haben, wenn er merkt, dass er Ihnen einen gewissen Aufwand wert ist, dass Sie bemüht sind, ihn mit weiteren Informationen zu versorgen. Achten Sie dabei bitte darauf, dass auch die Unterlagen einem gewissen Qualitätsstandard entsprechen.

Medien

Zu Beginn meiner Tätigkeit im Immobilienvertrieb habe ich ganz einfache Infoveranstaltungen durchgeführt, die ohne aufwendige Technik konzipiert waren. Auf einem Flip-Chart habe ich drei Symbole aufgezeichnet: Ich habe ein Häuschen gemalt und gefragt: Sicher wollen Sie wissen, wer hinter dem Unternehmen steht? Danach habe ich eine Hand hingemalt und angemerkt: Sie wollen sicher wissen, was es hier zu tun gibt, wie Ihr Tätigkeitsbereich aussehen wird. Und an dritter Stelle habe ich dann ein Dollar-Zeichen hingemalt und gesagt: Garantiert ist Ihnen auch wichtig, was Sie hier verdienen können! Die letzte Frage in diesem Zusammenhang lautet dann: Sind Sie damit einverstanden, dass wir die nächsten 60 Minuten dafür nutzen, diese drei Fragen zu klären?

Haben Sie bisher mit Medien gearbeitet? Wenn ja, welche haben Sie eingesetzt? Es macht Sinn, Ihren Vortrag mit einem Medien-Mix (Beamer, Film, Schaubilder) aufzuwerten und ihn so für die Teilnehmer interessanter zu gestalten. Nutzen Sie die verschiedenen Medien gezielt, denn Ihre Gäste lassen sich gerne auf den verschiedenen Wahrnehmungskanälen „abholen", das heißt, Sie erreichen deren Aufmerksamkeit eher, wenn Sie sie sowohl auditiv als auch visuell und sogar kinästhetisch ansprechen. Vielleicht können Sie sogar Musik einsetzen? Oder einen Gegenstand von Teilnehmer zu Teilnehmer wandern lassen?

Der Einsatz von Medien kann also durchaus sinnvoll sein, um alle Teilnehmer gezielt anzusprechen und an Bord zu holen. Nutzen Sie die Medien, um das Treffen so interessant und anregend wie möglich zu gestalten.

Pünktlichkeit

Dale Carnegie-Seminare beginnen seit Jahrzehnten immer zu einem ungewöhnlichen Zeitpunkt, also zum Beispiel um 19.07 Uhr oder 20.03 Uhr. Das war früher einmal sehr angesagt, hat sich in der Zwischenzeit jedoch etwas überholt. Wenn Sie jemandem eine solche Uhrzeit schriftlich mitteilen, weckt das wahrscheinlich eher Irritation. Wenn Sie sich dennoch aus einer persönlichen Vorliebe heraus für eine solche unorthodoxe Anfangszeit entscheiden, müssen Sie auch darauf achten, dass sie exakt eingehalten wird, dass Sie also exakt um 19.07 Uhr oder um 20.03 Uhr mit Ihrer Ansprache beginnen. Das gilt natürlich auch für die so genannten „normalen" Zeiten. Geben Sie Ihren Gästen das Gefühl, dass Sie sich an Vereinbarungen halten, dass Pünktlichkeit für Sie ein hoher Wert ist und dass Sie verstehen, mit Zeit umzugehen. Während des Treffens gewinnt der potenzielle Mitarbeiter ja auch den ersten Eindruck von Ihnen und dem Unternehmen, das Sie vertreten. Dieser kann prägend für den weiteren Verlauf Ihrer Zusammenarbeit sein. Machen Sie also das Beste daraus.

Infoleitfaden

Gibt es überhaupt innerhalb Ihres Unternehmens einen Infoleitfaden? Und: Inwieweit möchten Sie sich persönlich an einen Infoleitfaden halten, wenn Sie eine Veranstaltung durchführen? Klären Sie das im Vorfeld für sich ab. Wenn es einen Infoleitfaden gibt, stellen sich die Fragen: Ist er noch zeitgemäß? Wie viel Know-how steckt in dem Infoleitfaden? Und: Wie oft ist er verändert worden, wie viele Erfahrungswerte werden darin transportiert?

Wir Verkäufer wehren uns oft gegen ein Skript. Kennen Sie das auch? Gehören Sie auch zu denen, die gerne sagen: „Ach, das mache ich ganz anders", „Ich improvisiere sowieso je nach Publikum." In diesem Zusammenhang erwähne ich dann gerne Yul Brunner. Schlagen Sie mal im Guinness-Buch der Rekorde nach. Bei der Frage „Wer hat ein Theaterstück am häufigsten gespielt?" steht da: Yul Brunner. Er hat den „König von Siam" fast 5 000 Mal gespielt. Fast 5 000 Mal den gleichen Text gesprochen, vor unterschiedlichem Publikum. Stellen Sie sich vor, Sie hätten 5 000 Infoveranstaltungen durchgeführt! Wissen Sie, worin die Kunst besteht? Sie besteht darin, auch noch die 5 000ste Veranstaltung mit der gleichen Begeisterung, dem gleichen Anspruch so zu gestalten, dass der Zuhörer denkt, es sei eine Premiere. Für ihn ist es schließlich auch eine Premiere. Er hört das Gesagte aus Ihrem Mund zum ersten Mal. Und Sie wollen ihm sicher das Beste bieten. Training macht den Meister. Und wenn Sie den Inhalt souverän beherrschen, umso besser. Dann können Sie sich voll und ganz auf die Darbietung und die Menschen vor Ihnen konzentrieren.

Fazit: Es macht Sinn, sich an einen Infoleitfaden zu halten. Er gibt Ihnen nicht nur Sicherheit, sondern gewährleistet auch, dass nichts Wichtiges „unter den Tisch fällt".

Verschiedene Infosprecher

Eine weitere Art von Medien-Mix stellt der Einsatz mehrerer Infosprecher dar. Worin liegt der Vorteil von mehreren Infosprechern? Stellen Sie sich vor Ihrem inneren Auge einmal vor, wie ein Routinier des Geschäfts vor Ihnen steht und spricht, und welchen Eindruck Sie im Gegensatz dazu gewinnen, wenn jemand seine Erfahrungen mitteilt, der vielleicht selbst erst drei, vier Monate im Vertrieb arbeitet. Betrachten wir den Routinier: Wenn jemand vorne steht, der schon 248 Infos gehalten hat – gibt es irgendeine Frage, irgendeinen Einwand, irgendeine Kritik, gibt es irgendeine Situation, die diesen routinierten Infosprecher irgendwie aus der Reserve locken kann? Im Normalfall wohl nicht. Bei 248 Infos hat er so ziemlich alles schon erlebt. Was glauben Sie: Kann es sein, dass dieser Infosprecher mit 248 Infos eine entsprechende Professionalität, aber eben damit verbunden auch ein gewisses Maß an negativer Routine ausstrahlt? Mit genau dieser „kalten" Routine können bestimmt einige aus Ihrer Zuhörergruppe nicht gut umgehen, manche entwickeln an diesem Punkt einfach eine Berührungsangst.

Deshalb: Testen Sie doch einfach mal etwas Neues, stellen Sie zusätzliche Sprecher vor. In einer zweistündigen Info zum Beispiel können 1:50 Stunden von einem oder zwei Profis bestritten werden. Und für die restlichen zehn Minuten tritt ein Vertriebsmitarbeiter (oder vielleicht auch zwei) nach vorne, der geradezu unbeholfen seine Situation mitteilt, der berichtet, wie er zu dem Unternehmen gestoßen ist, welche Widerstände er überwinden musste, auf welchem Stand er sich momentan befindet. Können Sie sich vorstellen, wie dieser Aufbau auf neue Mitarbeiter wirkt? Zuerst der professionelle Vortrag und dann ein Sprecher, mit dem man sich verbunden fühlen kann, der quasi noch vor wenigen Monaten in der gleichen Lage war wie man selbst in eben diesem Moment. Ein Sprecher, der in seinem ganz persönlichen Stil von sich erzählt:

„Ähm, ja also, ich habe hier vor vier Monaten genauso gesessen wie Sie und, äh, ich weiß noch genau, ich habe damals auf diesem Platz gesessen. Als ich damals diese Informationen anhörte und überlegte, hier nebenberuflich einzusteigen, hab ich mir auch gedacht: Ihr könnt mir viel erzählen. Also, ich kann Ihnen sagen, ich war skeptischer als jeder Einzelne von Ihnen. Ich hab das einfach mal so ein bisschen auf mich wirken lassen, und ja, grundsätzlich hab ich nie gedacht, dass ich mal in der Finanzdienstleistungsbranche Fuß fassen würde, also das war für mich weit ab. Und ich kann Ihnen sagen, ich habe vorher als Angestellter in einem Büro gearbeitet, das hat also mit Vertrieb und Kundenberatung überhaupt nix zu tun. Bis ich mir einfach überlegt habe: Ja, wenn die mich hier ausbilden, lernst du einiges, und wenn es um das Thema Geld geht, das Thema Altersversorgung, Absicherung der Familie, das sind ja Dinge, die letztendlich jeden angehen. Und da hab ich mir einfach mal überlegt, geh da mal hin, ich meine, wenn du mal hier ein paar Schulungen besucht hast, du investierst letztendlich nur die Zeit und das, was du lernst, das kannst du in deinem ganzen Leben noch genauso nutzen. Ich hab mir gesagt, lass dich einfach mal drauf ein, vielleicht ist es ja so, dass es in dieser Branche, wo man ja von Natur aus so ein bisschen Vorbehalte hat, durchaus auch Unternehmen gibt, die nicht nur Sprüche klopfen, sondern auch in punkto Einarbeitung und Perspektiven das halten, was sie versprechen. Ja, da hab ich mir das Ziel gesetzt, mich einfach mal acht Wochen drauf einzulassen. Zeit zu investieren und mir selbst ein Urteil zu bilden. Nach acht Wochen, hab ich mir gesagt, wird Kasse gemacht, und dann sag ich definitiv hopp oder topp, spiel ich hier weiter mit oder lass ich es gut sein. Und ich kann Ihnen jetzt, nachdem ich vier Monate dabei bin, einfach nur sagen: Wenn Sie sich dafür entscheiden, hier zu starten und es genauso wie ich handhaben, sich mal drauf einlassen, und bereit sind, zehn bis zwölf Stunden die Woche in eine nebenberufliche Tätigkeit einzubringen, hat es für Sie drei Vorteile:*

1. Sie haben hier einen Vertrieb, der bereits über Jahrzehnte bewiesen hat, dass das System funktioniert.
2. Sie haben hier die Chance, etwas mitzugestalten. Sie haben auch die Sicherheit, dass Sie nicht ins kalte Wasser geworfen werden. Sie haben jemanden, der Sie betreut, der die ersten Kundenbesuche mit Ihnen gestaltet, der Ihnen Rede und Antwort steht, der für Sie da ist. Und ein weiterer entscheidender Punkt:
3. Es gibt vom Einkommen her Perspektiven, die bei einer anderen Tätigkeit nur mit langjähriger Ausbildung erreicht werden können. Es macht mir wieder richtig Spaß, meine Kontoauszüge anzusehen."

Der Vertriebsmitarbeiter schildert also aus seiner Perspektive, was ihn bewegt, was er empfunden hat, auf einer ganz menschlichen, natürlichen Ebene. Er wirkt glaubwürdig, das überträgt sich auf Sie und Ihr Unternehmen. Das Publikum identifiziert sich mit ihm und seiner Sichtweise, findet sich in der geschilderten Situation mit allen Zweifeln und Ängsten wieder und sieht dann einen vor sich, der es geschafft hat, diese zu überwinden. Das macht der Gruppe als ganzer und den einzelnen Anwesenden Mut, auch etwas Neues zu wagen.

Wenn Sie durch zwei sehr unterschiedliche Sprecher Routine und Professionalität mit einem gewissen Maß an Menschlichkeit und Natürlichkeit kombinieren, gelingt es Ihnen, auch Infogäste mit in Ihr Boot zu holen, die rhetorisch nicht so geschickt sind, sich nicht so ausdrücken können. Also solche, die von sich sagen: „Das könnte ich nie, zum Kunden fahren und den beraten, und überhaupt, in meinem jetzigen Job hab ich mit sowas auch nix zu tun, und hm ...". In dieser emotionalen Phase der Unsicherheit kann es durchaus sinnvoll sein, jemanden zu haben, der sich auf einer anderen Ebene mit dem Infogast solidarisiert.

Die Frage, die all diesen aufgezählten Punkten und Maßnahmen zugrunde liegt, ist folgende: Wie erhöhen Sie die Anzahl der Infogäste? Und die zweite Frage: Wie schaffen Sie es, die Infogäste an den Punkt zu bringen, an dem sie sich motiviert fühlen, etwas Neues zu versuchen, in eine nebenberufliche Tätigkeit einzusteigen?

Auf den letzten Seiten wurden Ihnen Grundregeln und Instrumente vorgestellt, mit denen Sie Ihre „Kandidaten" an diesen Punkt führen können. Nutzen Sie sie, um Ihre Infoveranstaltungen mit Erfolg durchzuführen!

Zusammenfassung

Definieren Sie für sich selbst einen gewissen Standard für Ihre Informationsveranstaltungen oder übernehmen Sie als „Messlatte" den Standard, der in Ihrem Unternehmen bereits vorgegeben ist. Wichtig sind bei der Organisation und Durchführung vor allem zwei Punkte, um potenzielle Mitarbeiter zu gewinnen:

1. Entschließen Sie sich zu dem Aufwand, die Eintrittskarten einzusetzen – ein hervorragendes Vehikel, zusätzliche Infogäste zu gewinnen. Sie werden merken: Es funktioniert!
2. Organisieren Sie zusätzliche Infosprecher – mit unterschiedlichem Hintergrund. Und testen Sie, inwieweit durch ihren Einsatz neue Mitarbeiter emotional erreicht und so gewonnen werden können.

7. Ihre Kunden – das größte Potenzial für die Mitarbeitergewinnung

Das Potenzial „Kunde" hat für das Mitarbeiter-Recruiting einen immensen Vorteil: Der Kunde ist Ihnen bestens bekannt, Sie können ihn einschätzen, Sie kennen seine familiäre und berufliche Situation. Umgekehrt kennt der potenzielle (nebenberufliche) Mitarbeiter natürlich auch Ihr Unternehmen und dessen Vorgehensweise. Kunden stellen also ganz realistisch das größte Potenzial dar, um Mitarbeiter zu gewinnen.

Wenn Sie sagen: „Ich habe 50 Prozent meiner Kunden schon einmal darauf angesprochen", spricht das für Sie. Wenn Sie das allerdings noch nicht getan haben, dann stellen Sie sich bitte einmal die Frage, warum Sie noch keinen oder kaum einen Ihrer Kunden bisher auf eine zukünftige Tätigkeit angesprochen haben. Ein Grund dafür kann in der Tatsache begründet liegen, dass Sie sich bestimmte Kunden einfach nicht als Mitarbeiter vorstellen können, gemäß dem Motto: „Ich kann mir zwar vorstellen, mit Ihnen einen Teil meines Umsatzes zu schreiben. Aber ob wir ansonsten so zueinander passen, na ja, eigentlich bezweifle ich das eher." Oder dass Sie der Überzeugung sind: „Na, den brauche ich nun wirklich nicht zu fragen. Bei dem Geld, das der verdient, kann ich mir nicht vorstellen, dass er dazu ja sagt." Wir glauben also schon im Vorfeld zu wissen, für wen dieser Job in Betracht kommt und vor allem: für wen nicht.

Das Schlimmste, wirklich das Allerschlimmste, das Ihnen passieren kann, wenn Sie sich letztendlich dazu überwunden haben, einen Ihrer Kunden anzusprechen: Was kann das wohl sein? Stellen Sie sich vor, Sie haben seit zwei Jahren einen Kunden und von ihm seit einem halben Jahr nichts mehr gehört. Im Rahmen eines Service Calls erkundigen Sie sich bei ihm, was es Neues gibt, und da sagt er Ihnen mit stolzgeschwellter Brust: „Ich mache jetzt so was Ähnliches wie Sie. Ich bin jetzt auch in Ihrer Branche tätig." DAS ist das Allerschlimmste, was Ihnen passieren kann. Dann lehnen Sie sich in Ihren dicken Ledersessel im Büro zurück und beginnen zu überlegen „Wie viele habe ich wohl bisher laufen lassen?" Da haben Sie sich dann nicht nur einen potenziellen Vertriebspartner entgehen lassen, sondern wahrscheinlich auch einen Kunden verloren. Denken Sie einmal darüber nach!

Höfliche Hartnäckigkeit hilft

Welche weiteren Gründe gibt es, die Sie davon abhalten, Ihre Kunden zu fragen? Wie sehen die Vorbehalte im Einzelnen aus? Auch wenn Sie schon einmal gefragt haben, heißt das nicht, dass Sie es nicht noch einmal versuchen sollten. Bleiben Sie am Ball, fragen Sie mehrmals nach! Wenn bei jemandem beruflich momentan noch alles passt, kann sich das schon in wenigen Monaten geändert haben. Es kann durchaus passieren, dass Sie jemanden ansprechen, der dann sofort sagt: „Das ist ja klasse, Vertriebstätigkeit und so, das könnte ich mir vorstellen. Ja klar, das probier ich gerne aus." Das kann tatsächlich passieren. Im Normalfall jedoch müssen Sie vielleicht fünf Mal fragen, dann besteht die Möglichkeit, dass er zur Infoveranstaltung kommt. Zu Beginn mag er immer noch zögerlich sein, und letztendlich entscheidet er sich: Er beginnt dann wirklich. Er steigt bei Ihnen ein. Sie haben einen neuen Mitarbeiter gewonnen! Also gewöhnen Sie sich an, Ihre Kunden regelmäßig freundlich anzusprechen. Denn:

Höfliche Hartnäckigkeit hilft.

Die Betonung liegt dabei auf dem ersten H – Höflich! Kann Ihnen denn ein Kunde ernsthaft böse sein, nur weil Sie ihn innerhalb von zwei Jahren drei oder vier Mal auf eine (nebenberufliche) Tätigkeit ansprechen?

Stellen Sie sich ein Ehepaar vor, das Sie beraten. Sie richten das Gespräch mehr auf ihn aus, bezeugen Ihr Interesse an seiner Mitarbeit in Ihrem Unternehmen und geben ihm so die Gelegenheit, nach dem Treffen zu seiner Frau zu sagen: „Liebling, hast du gemerkt? Die sind richtig interessiert an mir." Sie haben seiner Eitelkeit geschmeichelt, das hat auf jeden Fall einen positiven Effekt. Deshalb: Bleiben Sie immer am Ball! Und: Fragen Sie Ihren Kunden auch, wenn Sie ihn nicht sonderlich mögen. Sie wollen ihn ja nicht heiraten. Außerdem besteht die Mehrzahl Ihrer Kunden wie die meisten Menschen letztendlich aus angenehmen, freundlichen Zeitgenossen, die sich über Interesse und Anerkennung freuen.

Hätten wir eine Bilanz, aus der zu ersehen ist, wie viele Mitarbeiter wir nicht haben, weil wir zu früh aufgegeben haben, wäre diese wohl erschreckend. Wenn Sie von einem Kunden hören: „Verdammt noch mal, Sie sind aber hartnäckig!", dann fassen Sie das unbedingt als Kompliment auf. Selbstverständlich sollten Sie ein Gefühl dafür haben, wann die Belästigungsgrenze überschritten wird. Das heißt: Ein gewisses Maß an Sensibilität ist durchaus gefragt.

Drei Hauptbedenken gegen eine Kundenansprache

Ein nicht unwesentlicher, psychologisch bedingter Grund, eine Kundenansprache zu vermeiden, ist sicher das Spannungsverhältnis Eigenumsatz und Aufbau. Das ist ja irgendwie auch verständlich: Da bauen Sie sich mühsam einen neuen Kunden auf und dann sollen Sie den für eine (nebenberufliche) Tätigkeit rekrutieren. Kein Wunder, dass dieser Gedanke Sie erst einmal eher frustriert. Zumal Sie sich bei der Aufnahme der neuen Tätigkeit zu Beginn genau die Einstellung angeeignet haben, die zum Erfolg führt, nämlich: Jetzt kümmere ich mich erst mal um mich selbst! Mit diesem Spannungsverhältnis, das eines der prägenden Merkmale des Strukturvertriebs darstellt, gilt es zurechtzukommen.

Überlegen Sie sich also genau, ob Sie nicht auf Dauer doch mehr von der Person haben, wenn Sie ihn als Ihren Mitarbeiter aufbauen, als wenn er weiterhin „nur" Ihr Kunde bleibt.

Der zweite Grund liegt in der Schwierigkeit, dass Sie bei der Anwerbung eines Kunden als Mitarbeiter letztendlich offen legen, was Sie bei Ihren Abschlüssen mit ihm tatsächlich verdient haben. Das gibt Ihnen ein unangenehmes Gefühl. Aber auch damit werden Sie leben lernen, denn der andere kann in Zukunft den gleichen Erfolg nach dem gleichen Prinzip einfahren – wenn er denn möchte. Wichtig ist, dass Sie für sich die Frage abklären, ob Sie es dem anderen auch wirklich gönnen, erfolgreich zu sein. Hier kann nämlich eine wesentliche Blockade bestehen, die Sie daran hindert, andere – insbesondere Ihre Kunden – anzusprechen.

Dass vielfach die Kundenansprache vernachlässigt wird, liegt nicht nur an einer mangelnden Konsequenz, mit der so mancher zu kämpfen hat. Viele trauen sich auch ganz einfach nicht zu, geschickt genug nachfragen zu können. Diese Selbstzweifel stellen den dritten Hauptgrund für die Zurückhaltung gegenüber Kunden dar. Sie bezweifeln ihre eigene Fertigkeit, den anderen anzusprechen. Sie glauben, rhetorisch nicht gut genug zu sein. An dieser Stelle kann ich Sie wirklich beruhigen: Wenn es ein Thema gibt, bei dem Sie nicht bis auf den letzten Punkt „rhetorisch" perfekt sein müssen, dann ist es das Recruiting bei bestehenden Kunden. Entscheidend ist, dass Sie überhaupt damit anfangen. Wenn Sie mit Ihrem Kunden zusammensitzen, sprechen Sie ihn einfach an. Tun Sie es einfach! Eine „schlechte" Frage – bezogen auf (neue) Mitarbeiter – ist immer noch besser als gar keine Frage. Keine Mitarbeiter haben wir immer. Deshalb: Fangen Sie an zu fragen, dann werden Sie in Ihrer Ansprache nach und nach immer sicherer. Vor allem, wenn Sie die Erfahrung machen, dass das Recruiting auf diese Weise wirklich funktioniert. Sie können also nur gewinnen.

Ihre Ansprache könnte sich zum Beispiel so anhören:

„Herr ..., wir kennen uns jetzt schon so lange. Sagen Sie, inwieweit sind Sie denn mit Ihrer Arbeitssituation zufrieden? Mal angenommen, Sie könnten etwas anderes machen, was würde Ihnen da vorschweben? Wie weit wären Sie bereit, was halten Sie davon, ..."

Ganz einfach, „hemdsärmlig", umgangssprachlich – Hauptsache, Sie tun es. Von Vorteil ist es allerdings, wenn Sie sich – wie oben bereits erwähnt – mit folgenden Fragestellungen befasst haben, bevor Sie den Kunden ansprechen.

1. Habe ich tatsächlich erkannt, dass Kunden das größte Potenzial für die Gewinnung (nebenberuflicher) Mitarbeiter darstellen?
2. Weshalb habe ich dieses Potenzial bisher nicht genutzt und was hält mich davon ab, meinen Kunden einige entscheidende Fragen zu stellen?
3. Und wenn ich schon vereinzelt gefragt habe: Warum betreibe ich Recruiting nicht konsequenter?

Zusammenfassung

Die Gründe – so verschieden formuliert sie auch sein mögen –, dass viele Verkäufer sich scheuen, ihre Kunden auf eine berufliche Veränderung anzusprechen, sind in erster Linie rein psychologisch bedingt. Die Bereitschaft zur ersten Kontaktaufnahme wird rein mental entschieden. Lernen Sie, Ihre Bedenken zu überwinden und offen auf Ihre Kunden zuzugehen. Sie können nur gewinnen!

8. So sprechen Sie Kunden gezielt an

In den vorangegangenen Kapiteln ist deutlich geworden: Kunden sind als potenzielle (nebenberufliche) Mitarbeiter bestens geeignet. Welche Möglichkeiten es im Einzelnen gibt, Vertriebspartner aus dem Kundenpotenzial gezielt anzusprechen, soll in diesem Kapitel dargelegt werden.

Drei Aufhänger eignen sich ideal, um Kunden auf eine (nebenberufliche) Tätigkeit anzusprechen. Sie bestehen aus den folgenden Modulen, die im Folgenden ausführlich beschrieben werden:

1. Service-Call + Direktansprache
2. Service-Call + Empfehlungsfrage
3. Anwerbung über Kollegen

Service-Call + Direktansprache

Service-Call bedeutet: Sie rufen einen Kunden aus Ihrem Bestand an, mit dem Sie schon seit geraumer Zeit keinen Kontakt mehr hatten. Ich nenne das auch „Telefonseelsorge". Denn das Schlimmste, was ein Kunde sagen kann, ist: „Da habe ich schon seit Monaten, seit Jahren nichts mehr von gehört. Da hat sich nie mehr jemand gemeldet." Das ist die absolute Killeraussage. Führen Sie also Service-Calls durch. Rufen Sie einfach an. Fragen Sie nach der Familie oder erkundigen Sie sich nach den Urlaubsplänen. Fragen Sie ihn, wie es ihm geht, und wenn Ihnen gar nichts mehr einfällt, können Sie ihn auch ohne Weiteres fragen, wie denn das Wetter bei ihm ist. Hauptsache, er merkt, dass Sie ihn nicht vergessen haben, dass Sie sich um ihn kümmern. Sprechen Sie ihn dann direkt auf die Möglichkeiten einer (nebenberuflichen) Tätigkeit im Vertrieb an. Sie kennen seine Ausgangslage, wissen um seine finanziellen Belange, wenn Sie in der Finanzdienstleistung arbeiten, haben einige Kenntnisse über seine privaten Verhältnisse. Wie Sie ganz konkret mit diesen Informationen und Voraussetzungen umgehen, wird im nachfolgenden Kapitel noch weiter ausgeführt.

Eine Gesprächseröffnung können Sie folgendermaßen formulieren:

„Hallo, guten Tag, Herr ..., erst kürzlich war ich bei Ihnen in der Gegend (Smalltalk zu einem passenden Thema) ...

Der heutige Anruf bei Ihnen hat einen ganz besonderen Grund: Unser Unternehmen expandiert im Augenblick sehr stark – wir suchen also dringend neue Mitarbeiter. Sie sind jemand, der eine hervorragende Art hat, mit Menschen umzugehen, und würden daher ganz besonders gut in unser Team passen.

Wenn es jetzt darum geht, nebenberuflich ein zweites Einkommen zu erzielen und einen entscheidenden Schritt in die berufliche Selbstständigkeit zu gehen, welchen Stellenwert hat dies im Moment für Sie?"

Service-Call + Empfehlungsfrage

Die zweite Möglichkeit besteht darin, dass Sie während eines Service-Calls gezielt nach einer Empfehlung fragen. Das heißt, Sie fragen danach, für wen aus dem Bekanntenkreis des Kunden es denn im Moment interessant wäre, sich beruflich neu zu orientieren, wer derzeit auf der Suche nach einem neuen Aufgabengebiet ist, wer vielleicht mit einem zweiten beruflichen Standbein seine Einkommenssituation optimieren möchte. So geben Sie dem Kunden Kenntnis davon, dass es hier Chancen gibt, die eventuell auch er ergreifen könnte, und erweitern im gleichen Zug die Anfrage bereits auf seinen Freundes- und Bekanntenkreis.

Die Direktansprache kann im Rahmen des Service-Calls natürlich auch mit der Empfehlungsfrage verbunden werden. Wenn er auf Ihre persönliche Ansprache hin vehement ablehnt, gehen Sie gleich zur Empfehlungsfrage über. Sie signalisieren Verständnis:

„O.k., wenn eine berufliche Veränderung augenblicklich für Sie keine Thema ist ..."

Und schließen direkt an:

„Wem aus Ihrem Bekanntenkreis möchten Sie denn diese Möglichkeit zukommen lassen?"

Eine Verbindung der beiden Fragen bietet sich also buchstäblich an:

„Hallo, guten Tag, Herr ..., wie geht es Ihnen denn bei diesem wunderbaren Wetter? (Smalltalk zu einem passenden Thema) ...

Der heutige Anruf bei Ihnen hat einen ganz besonderen Grund: Unser Unternehmen expandiert im Augenblick sehr stark – wir suchen also dringend neue Mitarbeiter. Sie sind jemand, der aufgrund seines beruflichen Erfolgs (bzw. seiner privaten Interessen) viele Menschen kennt.

Wen gibt es aus Ihrem Bekannten- oder Kollegenkreis, der daran interessiert ist, nebenberuflich ein zweites Einkommen zu erzielen und einen entscheidenden Schritt in die berufliche Selbstständigkeit zu gehen? Wer fällt Ihnen da (spontan) ein?"

Anwerbung über Kollegen

Eine äußerst effektive Strategie im Recruiting-Gespräch ist die Anwerbung über Kollegen, insbesondere bei den Kunden, bei denen man sich nicht vorstellen kann, dass sie zu einer beruflichen Neuorientierung bereit sind. Denn gerade in einem solchen Fall kann es schwierig sein, sich dazu durchzuringen, den Kunden bezüglich einer Mitarbeit anzusprechen. Sie haben Vorbehalte, direkt auf ihn zuzugehen. Da kommen dann

Gedanken wie: „Was soll der denn von mir denken, den kenne ich schon seit drei Jahren, der erfährt ja dann, was ich an ihm verdient habe ..." Diese Vorbehalte aus dem Weg zu räumen, ist nicht einfach.

Eine Möglichkeit, sich die Ansprache zu erleichtern, ist der Einbezug einer dritten Person, des „befreundeten Kollegen" zum Beispiel. Eine Gesprächssituation könnte sich dann folgendermaßen darstellen:

Herr Franz und ich sind Kollegen, Herr Schuler ist seit zwei Jahren mein Kunde. Herr Franz und ich kennen uns gut, wir mögen uns und vertrauen einander. Wir beschließen, gemeinsam eine „Telefonparty" durchzuführen, um unseren Mitarbeiterstamm zu erweitern. Nun rufe nicht *ich* Herrn Schuler an, sondern Herr Franz. Und Herr Franz sagt zu Herrn Schuler:

*„Sie kennen Herrn Fink, das ist ja Ihr Ansprechpartner bei uns, der Sie seit zwei Jahren rund um das Thema Geld betreut. In unserem Vertrieb werden in Kürze einige Positionen neu besetzt. Bevor Anzeigen geschaltet werden, hat Herr Fink ausdrücklich darum gebeten, mit Ihnen Kontakt aufzunehmen. Herr Fink meinte, dass **Sie** aufgrund **Ihrer** Fähigkeiten besonders geeignet sind, in diesem Team mitzuarbeiten. Er sagte, Sie sind grundsätzlich jemand, der in punkto nebenberuflicher Tätigkeit ein offenes Ohr hat. Er hat sich dafür stark gemacht, Ihnen die Chance einzuräumen, diese Möglichkeit wahrzunehmen. Er sagte, es macht Sinn, dass wir mal im Detail darüber sprechen."*

Welchen Effekt hat dieses Konstruieren eines Dreiecksverhältnisses? Einmal besteht nun die Möglichkeit, dass der Angesprochene überhaupt kein Interesse hat:

Möglichkeit 1:

Herr Schuler windet sich und antwortet: „Nein, um Gottes Willen, das ist nichts für mich – kommt nicht in Frage." Auch nach längerem Dialog ist zu erkennen, dass keine Bereitschaft für ein persönliches Gespräch oder die Teilnahme an einer Infoveranstaltung vorhanden ist. Das Telefonat wird freundlich beendet. Drei Wochen später habe ich mit Herrn Schuler wieder Kontakt. Wahrscheinlich sagt er zu mir: „Da hat mich vor ein paar Wochen jemand angerufen, Franz oder so ähnlich hieß der. Nett, dass Sie da an mich gedacht haben, aber das kommt für mich nicht in Frage. Vielen Dank auch für das Angebot. Aber das könnte ich niemals, das wäre nichts für mich." Mit dieser Antwort wird klar, dass der Kontakt zum Unternehmen bzw. zum Verkäufer durch solch einen Impuls noch intensiviert wurde. Mein Image als Berater wurde aufpoliert und der Kunde fühlt sich durch meine Empfehlung aufgewertet. Es gibt in dieser Situation also nur Gewinner. Die Möglichkeit, beim zweiten Kontakt nochmals an das Thema anzuknüpfen, besteht für Sie natürlich weiterhin.

Möglichkeit 2:

Der Kunde ist bereit, zu einem Bewerbungsgespräch bzw. einer Infoveranstaltung zu kommen, und dieser Kontakt nimmt den gewohnten Lauf. Manchmal rennt man tatsächlich offene Türen ein – seien Sie also auch darauf eingestellt!

Der Vorteil beim Anruf über einen Dritten besteht darin, dass derjenige, der anruft, eine ganz andere Sichtweise auf die anzurufende Person hat als man selbst. Während Sie Ihren Kunden innerlich visualisieren, drängen sich Ihnen Gedanken auf wie: „Nein, der hat doch sowieso keine Zeit und überhaupt ... und was der schon verdient ... und ob der dafür geeignet ist ... der hat bestimmt kein Interesse." Der Kollege, der Ihren Kunden anruft, geht dagegen relativ neutral auf den anderen Menschen zu. Er hat keine festgelegte Vorstellung von ihm und kann ihm deshalb ohne Vorbehalte begegnen, ihm auch ganz anders zuhören. Das erhöht die Aussicht auf Erfolg um einiges ...

Zwei Grundvoraussetzungen müssen für eine solche Zusammenarbeit gegeben sein: Zwischen Ihnen und Ihrem Kollegen muss ein absolutes

Vertrauensverhältnis herrschen, und es sollte eine klare Absprache getroffen worden sein bezüglich des Umgangs mit den alten und den neuen Namen bzw. Kontakten. Es werden jeweils zum Beispiel zwanzig Kundennamen und Telefonnummern ausgetauscht. Im Vorfeld muss dann bereits geklärt werden, wie Sie vorgehen, wenn einer von Ihnen es schafft, aus den zwanzig Kundennamen, die der andere ansonsten gar nicht angesprochen hätte, drei, vier oder sogar fünf Personen für die Infoveranstaltung zu akquirieren. Ohne klare Absprache darüber, wem der neue Vertriebspartner zugeordnet wird und wer ihn betreut, kann diese Methode nicht Gewinn bringend für beide Seiten angewandt werden.

Bemühen Sie sich, innerhalb Ihres Teams eine Regelung zu finden, die für beide Seiten fair ist. Und überlegen Sie sich von Anfang an, ob Sie überhaupt auf diese Weise vorgehen möchten. Ich kenne Mitarbeiter, die sich nicht vorstellen können, einen Kollegen mit den eigenen Kunden Kontakt aufnehmen zu lassen. Sollte Sie die Methode allerdings ansprechen, ist es wichtig zu überlegen, mit wem Sie zusammenarbeiten möchten, zu wem Sie genug Vertrauen haben. Das können durchaus auch mehrere Partner sein.

Hier ein kleines Rechenbeispiel: Nehmen wir einmal an, Sie hätten 150 Kunden. Bei 80 dieser Kunden könnten Sie sich gut vorstellen, sie selbst direkt anzurufen. Die anderen 70 Kontakte, mit denen Sie sich eine Zusammenarbeit nicht recht vorstellen können, geben Sie ab. Vielleicht hat ja einer Ihrer Kollegen ein besseres Händchen im Umgang mit diesen Menschen. Der wiederum gibt Ihnen aus seinem Kundenstamm diejenigen in gleicher Zahl ab, mit denen er eventuell ein Problem in der Direktansprache hätte.

Wie eine Formulierung konkret aussehen könnte und welche Motivmodule Sie für Ihre Ansprache benutzen können, wird im Folgenden dargestellt:

Anwerbung über Kollegen

„Der heutige Anruf bei Ihnen, Herr Röhl, hat einen ganz besonderen Grund:

*Ihr Ansprechpartner Herr Jaspers, hier bei (Unternehmensname), hat darum gebeten, mit Ihnen Kontakt aufzunehmen. Er sagte, Sie sind aufgrund Ihrer (besonderen) Fähigkeiten für eine Tätigkeit hier bei (Unternehmensname) außerordentlich geeignet. Augenblicklich werden einige Positionen im Unternehmen neu besetzt und bevor über teure Anzeigen neue Mitarbeiter gesucht werden, hat Herr Jaspers ausdrücklich darum gebeten, Ihnen die Chance zu geben, zukünftig **noch** mehr Geld zu verdienen und gleichzeitig die Arbeitszeit selbst bestimmen zu können.*

Wie interessant ist für Sie denn eine berufliche Veränderung?

oder: *Wie interessant ist es für Sie, ein zweites berufliches Standbein aufzubauen?*

oder: *Unter welchen Voraussetzungen sind Sie zu einer beruflichen Veränderung bereit?"*

Im weiteren Verlauf geht es dann darum, die Reaktionen des Gegenübers zu behandeln. Also Formulierungen bereit zu halten, mit denen Sie den Recruiting-Einwänden begegnen können. Es gibt circa sieben bis acht Standardeinwände bei dieser Art von Gesprächen, die im nächsten Kapitel einzeln aufgeführt werden. Ziel der Übungen ist es, Ihre Reflexe so gut zu trainieren, dass Sie sofort eine Antwort zur Verfügung haben, wenn Sie zum Beispiel hören: „Na ja, nett, dass Sie da an mich gedacht haben. Aber das, was Sie und Herr Fink da machen, Kunden beraten und in dieser Branche – also ne, lassen Sie gut sein, das kann ich mir nicht vorstellen!"

Trotz der Ablehnung können Sie durchaus davon ausgehen, dass er sich geehrt fühlt, weil Sie an ihn gedacht haben und ihm die notwendigen Fähigkeiten für eine solche Tätigkeit zutrauen. Im Normalfall ist sich der Kunde ja selbst nicht unbedingt sicher, ob er nun über die gefragten Fähigkeiten verfügt oder nicht und freut sich umso mehr, dass Sie eine so hohe Meinung von ihm und seinem Können haben. Und im Normalfall ist er ja auch äußerst nett. Sie können davon ausgehen, dass Ihr Gegenüber bei der Anwerbung über einen Dritten grundsätzlich freundlich reagiert (wenn das Verhältnis zwischen Berater und Kunde in Ordnung ist), da sich bei ihm schon sein Unterbewusstsein eingeschaltet hat, das verhindern möchte, dass Sie und der Dritte sich negativ über ihn unterhalten. Das wird er vermeiden wollen.

Wichtig für den weiteren Verlauf des Gespräches ist eine gute Vorbereitung auf das Thema „Einwände". Im folgenden Kapitel werden die einzelnen Einwände, mit denen Sie in der Praxis konfrontiert werden, und die jeweiligen adäquaten Reaktionen angeführt.

Zusammenfassung

Tun Sie es einfach! Rufen Sie Ihren Kunden an und fragen Sie freundlich nach, ob eine neue Tätigkeit für ihn in Frage kommt. Mit den drei vorgestellten Aufhängern

- Service-Call + Direktansprache
- Service-Call + Empfehlungsfrage
- Anwerbung über Kollegen

haben Sie optimale Voraussetzungen, um Ihre Frage anzubringen.

9. Der Einstieg in das Recruiting-Telefonat

Die Art und Weise, wie Sie Ihre Kunden qualifiziert mit einem Telefonat auf ein Bewerbungsgespräch oder eine Einladung zur Infoveranstaltung ansprechen können, ist eine Kunst, die erlernt werden kann. Unabhängig davon, für welche Vorgehensweise Sie sich entscheiden, stellt sich bei jeder Methode – ob nun bei der direkten Ansprache oder der Anwerbung über einen Kollegen – allerdings die gleiche Frage: Wie übermitteln Sie die Botschaft inhaltlich?

Das aktive Telefonat kann in verschiedene Phasen zerlegt werden, die nachfolgend – über die nächsten drei Kapitel verteilt und begleitet von zahlreichen praxisnahen Tipps – dargestellt werden. (Mehr zu den einzelnen Phasen des Telefonats, von denen jede gesondert trainiert werden kann, können Sie nachlesen in „Bei Anruf Termin" von Klaus-J. Fink, 3. Auflage, Wiesbaden 2005.)

Phasen eines aktiven Telefonats im Mitarbeiter-Recruiting

1. Begrüßung/Vorstellung
2. Gesprächseröffnung
3. Bewerberreaktion
4. Vorwanddiagnose – Einwandbehandlung (s. Kapitel 10)
5. Abschlussphase – Terminvereinbarung (s. Kapitel 11)

Die Begrüßung/Vorstellung

In der ersten Phase, bei der *Begrüßung und der Vorstellung*, ist es natürlich vorrangig wichtig, dass Sie deutlich sprechen und so sichergehen, dass der Angerufene verstanden hat, mit wem er es von welchem Unternehmen zu tun hat. Wenn Sie Ihre Kunden anrufen und immer wieder in den ersten Sekunden zu hören bekommen: „Wie war noch mal Ihr Name? ... Von welcher Firma sind Sie?", dann sollten Sie wahrscheinlich verstärkt darauf achten, klar und verständlich zu sprechen.

Die Gesprächseröffnung

Das Ziel der Gesprächseröffnung besteht darin, innerhalb der ersten 10 bis 15 Sekunden die Neugier des Angerufenen zu wecken, Spannung aufzubauen und Ihr Anliegen in zuhörerorientierter Form vorzubringen. Hier gilt es, schon zu Beginn des Gesprächs mit Begeisterung auf neue berufliche Perspektiven hinzuweisen und das Interesse des Gesprächspartners dafür zu gewinnen. Bei allen nachfolgenden Tipps, die sich auf die inhaltlichen Ausführungen beziehen, spielt auch die Betonung der einzelnen Sätze und Satzteile eine entscheidende Rolle. Arbeiten Sie also an Ihrer Intonation, denn nicht nur das, *was* sie sagen, ist wichtig, sondern auch, *wie* Sie es sagen.

Der Startschuss

Durch einen so genannten „Startschuss" zu Beginn der Gesprächseröffnung wecken Sie Aufmerksamkeit. Das könnte sich zum Beispiel so anhören:

1. „Herr ..., es geht um Folgendes."

oder:

2. „Herr ..., der Anruf heute bei Ihnen hat einen ganz besonderen Grund ..."

oder:

3. „Herr ..., Sie werden sich über den heutigen Anruf wundern ...

oder:

4. „Herr ..., Grund des Anrufes ist ..."

Im Anschluss gehen Sie direkt zum Thema über, auf das Sie den Angerufenen ansprechen möchten. Die Einleitungsformulierungen erleichtern es Ihnen, die Brücke zu schlagen. Wichtig ist bei der direkten Gesprächseröffnung, die dem Startschuss folgt, dass Sie grundsätzlich den Sie-Standpunkt einhalten.

Der Sie-Standpunkt

Die Formulierungen möglichst individuell auf den Gesprächspartner auszurichten, ist eine bewährte Methode in der direkten Ansprache. Einen Automobilverkäufer zum Beispiel sprechen Sie ganz gezielt auf folgende Weise an:

„Es hat sich gezeigt, dass viele Ihrer Kollegen, die auch in der Automobilbranche tätig waren, hier in unserem Vertrieb in kürzester Zeit ihr Einkommen ganz erheblich gesteigert haben und dass sie aufgrund der Erfahrungen aus ihrem Markt hier die Karriere noch bedeutend schneller vorantreiben konnten als in ihrem bisherigen beruflichen Umfeld."

Weiter geht es dann mit:

„Weil Sie aus der Automobilbranche kommen, haben Sie ..."

bzw.:

„Weil Sie bisher in der Hotellerie tätig waren, haben Sie ..."

oder:

„Weil Sie bisher das und jenes gemacht haben, ist für Sie besonders interessant ..."

Versuchen Sie also, die Gesprächseröffnung immer im Sie-Standpunkt zu formulieren. Die Bipolarität in der Kommunikation beschreibt die Tatsache, dass jede Aussage aus zwei Perspektiven geschildert werden kann: von dem Ich-Standpunkt und von dem Sie-Standpunkt aus. Besser ist es, die Worte

ich, mir, meiner, mich, wir, unser

aus dem Sprachgebrauch weitestgehend zu streichen. Menschen sind Egoisten. Aufgrund dieses Egoismus formuliert der normale Mensch im gewöhnlichen Redefluss zwischen fünf und sieben Mal die Worte „ich, mir, meiner, mich, wir und unser". Sehen Sie sich einmal die folgenden Ich-Botschaften an und vergleichen Sie deren Wirkung mit derjenigen von Formulierungen im Sie-Standpunkt:

Ich-Formulierung	**Sie-Standpunkt**
Ich schlage Ihnen vor, diese beruflichen Perspektiven zu prüfen	Prüfen *Sie* einmal selbst, welche Perspektiven diese berufliche Veränderung *Ihnen* bietet
Ich möchte Ihnen mal zeigen, welche Vorteile die Tätigkeit hat	*Sie* können sich am besten selbst ein Bild machen, wenn *Sie* ...
Ich garantiere Ihnen überdurchschnittliche Verdienstmöglichkeiten	Dieser Job bietet *Ihnen* überdurchschnittliche Verdienstmöglichkeiten

Ich kann mir vorstellen, dass Sie für diese Tätigkeit der richtige Mann/die richtige Frau sind	Aufgrund *Ihrer* beruflichen Erfahrung ist die Tätigkeit für *Sie* geradezu maßgeschneidert
Wir führen jeden Donnerstag eine Informationsveranstaltung durch	Jeweils am Donnerstag haben *Sie* die Gelegenheit, bei einer Informationsveranstaltung dabei zu sein
Meiner Meinung nach bietet eine Vertriebstätigkeit viele Vorteile	*Sie* wissen selbst, dass die Tätigkeit im Vertrieb *Ihnen* viele Vorteile bringt
Wir können augenblicklich optimale Einstiegschancen anbieten	Ein Einstieg in diese Branche hat für *Sie* gerade jetzt den Vorteil, dass ...
In einem persönlichen Gespräch beantworte *ich* gerne weitere Fragen zu dieser Tätigkeit ...	Nutzen *Sie* einmal die Chance zu einem persönlichen Gespräch ...

Nahezu alle Aussagen im Gespräch können vom Ich-Standpunkt in den Sie-Standpunkt umgewandelt werden. Verkäufer schieben sich oft zu stark in den Vordergrund, dabei sollten sie doch gerade den Kunden auf ein Podest heben. Der Fehler, im Ich-Standpunkt zu formulieren, wird dementsprechend auch allzu oft in Recruiting-Gesprächen gemacht. Ob Sie nun Kunden beraten oder neue Vertriebspartner gewinnen wollen: Achten Sie bitte darauf, mehr auf Ihr Gegenüber einzugehen.

In der Recruiting-Situation lauten die unbewussten oder auch ganz bewussten Fragen des potenziellen Vertriebspartners:

▶ Was habe *ich* davon, dass *ich* mich mit dem Thema Berufswechsel beschäftige (obwohl *ich* einen guten Job habe)?
▶ Weshalb soll *ich,* wenn *ich* mich beruflich verändere, gerade bei *dir* eine neue Tätigkeit aufnehmen?

▶ Weshalb soll *ich* mich, obwohl *ich* wenig Zeit habe, mit dem Thema nebenberufliche Tätigkeit überhaupt auseinander setzen?

Bei jeder Einwand-Behandlung – die im nächsten Kapitel noch ausführlich behandelt wird – muss für den potenziellen Vertriebspartner definitiv von seinem Standpunkt aus geklärt werden: Was bringt *mir* das? Daher ist es wichtig, dass Sie sich explizit auf Ihr Gegenüber beziehen und versuchen, seinen Standpunkt im Auge zu behalten. Da Verkäufer von ihrem Persönlichkeitsprofil her meist extrovertierter sind, müssen sie besonders darauf achten, sich etwas mehr zurückzunehmen und eher den Kunden – oder in diesem Fall den Bewerber – in den Vordergrund zu rücken. Formulieren Sie also schon die Gesprächseröffnung zuhörerorientiert und behalten Sie diese Taktik auch im weiteren Verlauf des Gesprächs bei.

Vergleichen Sie die folgenden Varianten einer Gesprächseröffnung, die einmal im Ich- und einmal im Sie-Standpunkt formuliert wird:

„Herr Martens, **ich** *rufe heute aus einem ganz bestimmten Grund an:* **Ich** *bin ein Kollege von Herrn Franz, den kennen Sie bereits, und der hat* **mich** *darum gebeten, dass ich mit Ihnen Kontakt aufnehme. Er sagte* **mir***, dass Sie auf Grund Ihrer Art, mit Menschen umzugehen, sehr gut in unser Unternehmen passen würden und* **ich** *Ihnen deshalb diese berufliche Herausforderung anbieten soll.* **Ich** *würde deshalb gern einmal einen Termin mit Ihnen abstimmen, bei* **mir** *ist es ... oder ... möglich. Wann kann ich Sie kennen lernen?"*

So hört sich die Einleitung also im Ich-Standpunkt an. Im Sie-Standpunkt ist der Blickwinkel stärker als gewöhnlich auf den anderen gerichtet. Sie räumen *ihm* die Chance ein, das hört sich um einiges anders an als eine Gesprächseröffnung im Ich-Standpunkt. Hier der Vergleich:

„Der Anruf heute bei **Ihnen** *hat einen ganz besonderen Grund. Herr Martens,* **Sie** *hatten bisher Kontakt zu Herrn Franz. Herr Franz ist ja* **Ihr** *Ansprechpartner rund ums Geld. Herr Franz hat darum gebeten, mit* **Ih-**

*nen Kontakt aufzunehmen. Er sagte, **Sie** sind jemand, der eine tolle Art hat, mit Menschen umzugehen und gleichzeitig immer an neuen beruflichen Herausforderungen interessiert ist und deshalb hat er darum gebeten, **Ihnen** die Chance einzuräumen, sich hier einmal über eine neue berufliche Perspektive zu informieren. Von **Ihrem** Wochenablauf her – wann ist aus **Ihrer** Sicht ein persönliches Kennenlernen möglich?"*

Bauen Sie den anderen auf. Das gelingt Ihnen mit dem Instrument des Sie-Standpunkts besonders gut. Sie sichern sich selbst dadurch eine höhere Aufmerksamkeit, Ihnen kommt mehr Sympathie entgegen und Sie haben bessere Antworten und Begründungen auf seine Fragen. Jedes *Sie*, das Sie im Dialog mit einem potenziellen Mitarbeiter verwenden, bedeutet von der Warte Ihres Gesprächspartners aus: „*Ich* bin gemeint." Und damit schließt sich der Kreis.

Die „Schnitzeltechnik"

Kennen Sie die Geschichte von der Sau und dem Schnitzel? Jemand geht in ein Restaurant und fragt: „Was kann ich bei Ihnen essen?" Auf diese Frage hin verlässt der Kellner den Raum und kehrt nach kürzester Zeit mit einer stinkenden Sau zurück. Er sagt: „Die kann ich Ihnen zubereiten, die können Sie essen." Dem Gast vergeht auf der Stelle der Appetit, mit großer Wahrscheinlichkeit macht er sich auf die Suche nach dem nächsten Restaurant. Verstehen Sie, worauf ich hinauswill? Machen Sie sich vor Ihren Telefonaten bewusst, dass – im übertragenen Sinne – niemand die Sau will, sondern jeder das Schnitzel, die Schlachtplatte oder das Eisbein. Bieten Sie ihm also genau das an.

Die potenziellen Vertriebspartner, die Sie ansprechen und für sich gewinnen möchten, haben Wünsche, Sehnsüchte und Ziele. Keiner Ihrer Kunden will einen Job, keiner will eine (berufliche) Veränderung – das ist die „Sau"! Er will immer nur die „Schnitzel" aus dieser Tätigkeit. Das ist ein riesiger Unterschied. Die Werbung berücksichtigt diese Regelung weltmeisterlich. Und Sie kennen diese Technik bestimmt auch schon, wenn es darum geht, mit Ihren Kunden einen allgemeinen Termin zu vereinbaren. Da stellen Sie ja auch nicht das Produkt in den Vordergrund, sondern eher den Nutzen des Gesprächs.

Versuchen Sie, diese „Schnitzel" – wann immer es geht – bunt und plakativ zu transportieren. Mit der für einen guten Verkäufer typischen Sprache, einer positiven Wortwahl und mit einer gewissen Emotionalität.

Welches sind denn nun besonders attraktive „Schnitzel", von denen sich ein potenzieller Mitarbeiter motivieren lässt, über eine zusätzliche Tätigkeit nachzudenken? Welches sind die besten „Schnitzel" für den Bereich Recruiting? Jahrelang wurde hier der Schwerpunkt auf Geld gelegt, heute allerdings ist Geld, wenn auch ein wichtiger Aspekt, so doch oft nicht mehr der zentrale Faktor. Die Amerikaner sagen, ein Job muss „fun and money" bringen. Eine Aufgabe muss Spaß machen, die Rahmenbedingungen müssen stimmen und man muss Geld verdienen können. Es gibt drei entscheidende Bereiche, die bei der Formulierung von „Schnitzeln" berücksichtigt werden können:

▶ Karriere/Status/Ansehen
▶ Geld/Einkommen/Sicherheit
▶ Freiheit/Selbstverwirklichung/Zeiteinteilung

Sie sehen schon: Die Themen sind hier eher begrenzt. Dennoch müssen Sie für sich jeweils entscheiden, ob Sie eher das Thema Karriere, Status und Ansehen wählen oder zum Beispiel das Thema Freiheit, Selbstverwirklichung und freie Zeiteinteilung. Das Thema Geld und Einkommen ist identisch mit Sicherheit, sicherem Job und sicherer Branche. Das sind alles verschiedene Motivmodule, die bei jeweils unterschiedlichen Menschen auch unterschiedliche Reaktionen auslösen. Wer bei dem einen Thema abwinken würde, bekommt beim nächsten glänzende Augen … Machen Sie sich die Wünsche, Ziele und Bedürfnisse Ihres Gesprächspartners bewusst und überlegen Sie, mit welchen „Schnitzeln" Sie ihn am besten erreichen können. Gerade bei bestehenden Kunden, über die Sie im Laufe der Zeit einiges erfahren haben, finden Sie sicher den einen oder anderen Aufhänger.

Damit es Ihnen gelingt, mit Ihren Worten und Formulierungen den Nutzen der angebotenen Tätigkeit in den ersten 30 Sekunden plakativ zu transportieren, erhalten Sie ein kleines Zauberwort an die Hand. Ein Zauberwort zur Schnitzeltechnik, das gerade beim Recruiting besonders wichtig ist, heißt:

> *Noch*

„Noch" ist das Wort für eine zusätzliche Steigerung. Wenn Sie einem potenziellen Vertriebspartner sagen: „Herr ..., es geht darum, wie Sie zukünftig mehr Geld verdienen können", dann schwingt auch irgendwie immer mit, dass Sie ihn für einen Versager halten, der viel zu wenig verdient. Das kommt nicht gut an, der Kunde fühlt sich manchmal sogar latent angegriffen. Wenn Sie hingegen sagen: „Es geht darum, wie Sie mit Ihren Fähigkeiten künftig *noch* mehr Geld verdienen können", dann hat Ihre Aussage einen ganz anderen Tenor. Sobald Sie das Wort *noch* benutzen und es zusätzlich betonen, werten Sie ihn zusätzlich auf:

- *„Es geht darum, wie Sie zukünftig **noch** schneller Karriere machen können."*
- *„Es geht darum, wie Sie zukünftig **noch** mehr Zeit für Ihre Familie haben."*
- *„Es geht darum, wie Sie in Zukunft **noch** mehr Zeit auch für Ihre Hobbies haben."*
- *„Es geht darum, wie Sie Ihren Arbeitsablauf **noch** angenehmer und freier gestalten können."*
- *„Es geht darum, wie Sie **noch** schneller den Schritt in die Selbstständigkeit gehen können."*

Sie werden erstaunt sein, wie viele Formulierungen Ihnen einfallen, wenn Sie Ihren Kunden auch nur annähernd kennen.

Das Wörtchen „*noch*" wertet Ihren Gesprächspartner auf. Und darüber freut sich jeder Mensch! In diesem Zusammenhang bedeutet Ihre Ansprache ja für ihn, dass Sie davon ausgehen, dass er bereits erfolgreich ist. Dass Sie ihm also einen Weg zeigen wollen, *noch* erfolgreicher zu sein.

Achten Sie daher darauf – gerade im Zusammenhang solcher Gespräche, in denen es um die menschliche Eitelkeit geht –, dass Sie die „Schnitzel" mit der Steigerung „noch" kombinieren. Das ist sympathischer. Ihr Gesprächspartner muss nach dem Telefonat ein gutes Gefühl haben, ein positives Gefühl, mit dem er in das Zweiergespräch mit Ihnen oder die Infoveranstaltung einsteigen kann.

Drei weitere Worte, die Sie bei der „Schnitzeltechnik" anwenden können und die Wunder wirken:

> *darüber hinaus – außerdem – gleichzeitig*

Mit ihnen können Sie geschickt mehrere „Schnitzel" miteinander verbinden. Für die Gesprächseröffnung könnte das zum Beispiel so aussehen:

*„Frau Wolf, es geht darum, wie Sie Ihre Arbeitszeit zukünftig noch freier einteilen können und **außerdem** auch noch mehr verdienen als bisher."*

oder:

*„Herr Klaucke, es geht darum, wie Sie in eine absolute Wachstumsbranche einsteigen und **darüber hinaus** Aussichten auf die Verdienst-*

möglichkeiten eines Selbstständigen haben können und gleichzeitg die Sicherheit eines Angestellten."

Bei jedem Recruiting-Telefonat geht es in der Gesprächseröffnung – also in den ersten zwanzig Sekunden – darum, mit bunten, plakativen Formulierungen Aufmerksamkeit zu wecken, damit der Gesprächspartner zuhört und neugierig wird. Zudem wählen Menschen gerne zwischen zwei Polen, bekommen gerne zwei Optionen angeboten. Machen Sie sich das bei der Wahl Ihrer Worte zunutze und integrieren Sie in Ihre Gesprächseröffnung zwei Möglichkeiten, die für Ihr Gegenüber besonders attraktiv sind!

Recruiting-„Schnitzel"

▶ noch mehr Geld verdienen können
▶ noch schneller Karriere machen können
▶ noch mehr Zeit für die Familie haben
▶ noch mehr Zeit für Hobbies haben
▶ den Arbeitsablauf noch angenehmer gestalten können
▶ noch schneller den Schritt in die Selbstständigkeit gehen können
▶ die Arbeitszeit noch freier einteilen können
▶ etc.

Übung

Listen Sie einmal in Ihren Worten zwei bis drei Recruiting-„Schnitzel" auf. Achten Sie dabei bitte darauf, fantasievollere Formulierungen zu finden als zum Beispiel: „... wie Sie mehr Geld verdienen können". Versuchen Sie, plakativer und kreativer zu formulieren. Benutzen Sie nach der Einleitung „Es geht darum ..." immer das Wörtchen „wie" – der optimale „Opener" für die „Schnitzeltechnik"!

Es geht darum,

1. ... wie _____
_____
_____

2. ... wie _____
_____
_____

3. ... wie _____
_____
_____

Für Ihr Tagesgeschäft brauchen Sie im Endeffekt fünf oder sechs Recruiting-„Schnitzel", die auch zu Ihnen passen. Es müssen Formulierungen sein, die Sie authentisch vermitteln können, Formulierungen, die geeignet sind, Neugier zu wecken und das Thema attraktiv zu machen.

Die Fragetechnik

Nachdem Sie zu Beginn des Gesprächs Ihr Anliegen vorgebracht haben, ist es wichtig, den Dialog mit dem Angerufenen zu „forcieren". Das bewerkstelligen Sie am einfachsten, indem Sie an die Gesprächseröffnung direkt eine Frage anhängen. Tun Sie dies nicht, fühlt sich Ihr Gesprächspartner regelrecht verunsichert: Er weiß nicht, was er sagen soll, und ist sich nicht sicher, ob er sich nun noch in der Zuhörerfunktion befindet oder ob eine Aussage von ihm erwartet wird. Durch eine Frage Ihrerseits geben Sie ein klares Signal, Sie bitten um eine Auskunft, eine Aussage, eine Erwiderung. Der Sachverhalt ist also eindeutig. Natürlich gilt an dieser Stelle die Grundregel der Fragetechnik, eine offene Frage einzusetzen, damit Sie nicht Gefahr laufen, mit einem abrupten „Nein" konfrontiert zu werden. Eine geschlossene Frage wie zum Beispiel „Ist das denn interessant für Sie?" ist in diesem Zusammenhang quasi eine „Killerfrage".

Bis zu diesem Zeitpunkt des Gesprächs hat der Anrufer den größeren Redeanteil, nun gilt es, den Gesprächspartner mit gezielt eingesetzten Fragen zu integrieren und einen Dialog einzuleiten. Formulierungen für solche mit einbeziehenden Fragen können folgendermaßen lauten:

- *„Was halten Sie davon, einmal im Detail zu erfahren, was Ihnen eine nebenberufliche Tätigkeit bei uns bringen kann?"*
- *„Wie interessant ist es für Sie, sich über eine andere berufliche Perspektive mal im Detail zu unterhalten?"*
- *„Wie interessant ist es für Sie, bei größtmöglicher freier Zeiteinteilung ein Zusatzeinkommen zu erreichen?"*
- *„Was muss aus Ihrer Sicht eine solche Tätigkeit auf jeden Fall mit sich bringen?"*
- *„Unter welchen Voraussetzungen sind Sie denn zu einer beruflichen Veränderung bereit?"*

Oder Sie gehen noch zielgerichteter vor:

▶ *„Deshalb stellt sich nur eine Frage: Wann können wir im Detail darüber sprechen?"*

Zur Abrundung der Ausführungen hier noch ein Beispiel für eine komplette Gesprächseröffnung:

„Herr ..., es geht darum, wie Sie mit Ihren Fähigkeiten und mit Ihrer beruflichen Erfahrung hier in unserem Vertrieb Ihr Einkommen erheblich steigern und so Ihre Zeit noch besser einteilen können, um damit einfach mehr Freiräume für Ihre Hobbys, für Ihre Familie zu haben. Unter welchen Umständen ist das grundsätzlich interessant für Sie?"

Ist die Gesprächseröffnung gelungen und hat Ihr Gesprächspartner die Einladung zum Dialog angenommen, haben Sie einen wichtigen Schritt getan. Auf diese Einleitung folgt dann die nächste Phase, in der es darum geht, die Einwände des Bewerbers zu diagnostizieren und entsprechend zu reagieren. Diese Punkte werden in den nächsten Kapiteln behandelt.

Zusammenfassung

Gehen Sie mit einem Startschuss ins Gespräch, formulieren Sie im Sie-Standpunkt und verwenden Sie zwei „Schnitzel" Ihrer Wahl, damit Ihr Gesprächspartner wählen kann. Um die Sache möglichst rund zu machen, sollten die „Schnitzel" möglichst bunt und plakativ sein. Geben Sie Ihrem Gesprächspartner das Gefühl, Sie stellen nicht jeden ein. Ein Stichwort ist hier Verknappung. Das, was rar, knapp, begrenzt (und damit gleichzeitig auch wertvoll) ist, will der Mensch haben. Und denken Sie daran: Entscheidend ist dabei immer, was der andere denkt, und nicht, was Sie sagen.

10. Standardreaktionen eines potenziellen Vertriebspartners

Die häufigsten Bewerberreaktionen, mit denen Sie bei Ihren Anrufen konfrontiert werden, sind kalkulierbar. In mindestens neun von zehn Fällen antwortet der Bewerber also mit einer bekannten Aussage. Wenn Sie diese kennen und sich entsprechend vorbereiten, können Sie mit jeder der Aussagen adäquat umgehen und so die Wahrscheinlichkeit, das Gespräch weiterzuführen und erfolgreich abzuschließen, wesentlich erhöhen. Im Folgenden werden Ihnen die häufigsten Standardreaktionen vorgestellt:

> **Standardreaktionen eines potenziellen Vertriebspartners**
>
> ▶ Kein Interesse an anderer Tätigkeit
> ▶ Bin mit jetzigem Job zufrieden
> ▶ Für Außendienst bin ich nicht geeignet
> ▶ Bekomme ich bei Ihnen ein Fixum?
> ▶ Wie komme ich an Kunden heran?
> ▶ Finanzdienstleistungsbranche kommt für mich nicht in Frage
> ▶ Strukturvertriebe arbeiten unseriös
> ▶ Das machen schon so viele
> ▶ Werde dauernd auf Vertriebstätigkeit angesprochen
> ▶ Habe keine Zeit für Nebentätigkeit

Mit diesen „normalen" Bewerberreaktionen sind bereits 80 bis 90 Prozent der vorhersehbaren Antworten abgedeckt. Das sind also die Aussagen, mit denen Sie sich auseinander setzen müssen und auf die Sie sich entsprechend vorbereiten sollten. So lernen Sie, diese im Gespräch zu diagnostizieren und zu entkräften. Dabei gilt es auch zu erkennen, ob es sich bei der Antwort Ihres Gesprächspartners um einen pauschalen Vorwand handelt oder um einen Einwand, der bereits detailliert vorgetragen wird. Für beide Situationen gibt es eine entsprechende Strategie, mit der Sie auf die Formulierung eingehen können. Je detaillierter der Bewerber seinen Einwand formuliert, umso mehr gute Ansatzpunkte liefert er Ihnen im Gespräch, auf die Sie eingehen können.

Unterscheidung Vorwand – Einwand

Bevor wir uns diesen typischen Bewerberaussagen etwas eingehender widmen, beschäftigen wir uns zum Einstieg mit der Unterscheidung zwischen Vorwand und Einwand. Wie stellen Sie fest, ob ein Bewerber nur einen Vorwand äußert, um nicht an der Infoveranstaltung teilzunehmen, oder ob ein tiefer sitzender Einwand der Grund für seine Ablehnung ist? Die Aussagen „Ich bin mit meinem Job zufrieden", „Interessiert mich nicht" oder „Kommt für mich nicht in Frage!" sind nicht so recht greifbar und wenig detailliert. Wenn Ihr Gesprächspartner allerdings sagt: „Also kommen Sie, hören Sie auf, Strukturvertrieb, brauchen wir nicht drüber zu reden, in so etwas zu arbeiten kommt für mich gar nicht in Frage", dann gibt Ihnen diese Aussage schon konkretere Anhaltspunkte: In diesem Fall weist sie auf eine Skepsis der Vertriebsform gegenüber hin. Damit können Sie arbeiten. Darauf können Sie gezielt antworten.

Über die Unterscheidung von Vorwand und Einwand haben Sie sicher schon einiges gelesen bzw. in Seminaren gehört. Zu diesen beiden Begriffen und ihrer Unterscheidung gibt es unzählige Definitionen, Modelle und Unterscheidungskriterien. Daher kann es hilfreich sein, sich für die nachfolgenden Ausführungen an einer recht einfachen Differenzierung zu orientieren und damit zu arbeiten. Bei enger Anlehnung an den Begriff selbst, an den „Vorwand", kann schnell und leicht das Bild einer Wand visualisiert werden, einer Wand, die während des Gesprächs zwischen Anrufer und Angerufenem aufgebaut wurde: Wenn der potenzielle Mitarbeiter auf Ihre Anfrage sofort wie ein Maurer reagiert, indem er nämlich eine Wand aufbaut und pauschale Zurückweisung äußert, dann laufen Sie mit Ihrer Frage im wahrsten Sinne des Wortes „vor die Wand".

Anders stellt sich der „Einwand" dar: Hier hat der Angerufene gezielt etwas gegen Ihre Anfrage einzuwenden, manchmal kombiniert mit Skepsis und Argwohn. Während ein Vorwand pauschal ist und auch so formuliert wird, ist in einem Einwand immer ein konkreter Ansatzpunkt erkennbar.

Wie gehen Sie also mit einer unspezifizierten Reaktion, einem Vorwand um? Im Folgenden finden Sie einige Möglichkeiten für Formulierungen, mit denen Sie das Gespräch nach einem von Ihrem potenziellen Mitarbeiter geäußerten Vorwand weiterführen:

Drei Möglichkeiten der Reaktion auf einen Vorwand

Möglichkeit 1:

Sie reagieren mit einer offenen Frage:

„Ja, was müsste denn ein Job bringen, damit Sie sich näher mit einer solchen Möglichkeit auseinander setzen wollen?"

Diese Frage kann der Gesprächspartner oft nicht so richtig beantworten. Das gibt Ihnen Gelegenheit, die Möglichkeiten weiter zu beschreiben, die sich ihm mit dem Einstieg als Mitarbeiter in Ihrem Unternehmen eröffnen würden.

Möglichkeit 2:

Die zweite oben genannte Möglichkeit lässt sich neutraler formulieren oder zumindest etwas schöner verpacken, indem Sie sagen:

„Dass Sie der Sache erst mal ablehnend gegenüberstehen, ist absolut verständlich. Die Erfahrung zeigt: Interessant sind Dinge ja nur, wenn man auch die Chance hat, sie etwas näher kennen zu lernen. Welche Vorzüge diese Tätigkeit für Sie hat, darum geht es ja auch am Donnerstagabend. Und nach diesen zwei Stunden können Sie in aller Ruhe eine Entscheidung treffen, inwieweit eine berufliche Neuorientierung für Sie überhaupt sinnvoll ist. Die Frage stellt sich nur, schaffen Sie es jetzt am Donnerstagabend oder müssen wir auf nächste Woche ausweichen?"

Sie zeigen Verständnis für seine Bedenken und ebnen ihm den Weg, sich die Sache dennoch einmal aus der Nähe anzusehen.

Möglichkeit 3:

Hier handelt es sich um die so genannte Schlüsseltechnik, die im folgenden Kapitel noch ausführlich dargestellt wird. Mit dieser geradezu genialen Technik können Sie mit dem „Schlüssel" einen Vorwand aufschließen, also herausfinden, was hinter der (Vor)Wand liegt. Wie genau die Technik funktioniert, erfahren Sie im Anschluss.

Die vorgestellten Möglichkeiten werden Sie in die Lage versetzen, auf die gängigsten Reaktionen Ihres Gesprächspartners einzugehen und so das Gespräch fortzuführen.

Diagnose allgemeiner Bewerberreaktionen anhand der Schlüsseltechnik

Nach der vorgestellten Definition zwischen Vorwand und Einwand ist es nur möglich, einen Vorwand zu diagnostizieren, ein Einwand dagegen kann behandelt werden, da er ja einen konkreten Ansatzpunkt bietet. Die nachfolgende Schlüsseltechnik hat zum Ziel, die Wand zwischen Ihnen und dem Angerufenen zu entfernen. Bei dieser Technik handelt es sich also um ein Diagnoseinstrument, mit dem herausgefunden werden kann, welche Gründe für das Abblocken Ihrer Anfrage sich hinter dieser Wand verbergen. Eine Kundenaussage wie zum Beispiel „Kein Interesse" lässt sich natürlich nur schwerlich mit einer Kurzfrage analysieren. Mit der Schlüsseltechnik kommen Sie ein ganzes Stück weiter. Achten Sie bitte darauf, dass es sich bei dieser Technik um ein festes Modul zur Vorwanddiagnose handelt und es daher in seiner Grundstruktur möglichst nicht verändert werden sollte.

Die Schlüsseltechnik „Kein Interesse"

Wenn Sie einen Ihrer Kunden auf ein zweites Einkommen, eine nebenberufliche Tätigkeit ansprechen und der sagt „Nein, also daran habe ich gar kein Interesse", dann reagieren Sie mit der Schlüsseltechnik. Der so genannte Schlüssel zu „Kein Interesse" lautet in der Kernformulierung:

> *„Mal abgesehen davon, dass ..."*

*„... das im Augenblick nicht Ihr Thema ist, so sind Sie bestimmt **immer, immer** daran interessiert, neue Möglichkeiten kennen zu lernen, wie Sie Ihre Fähigkeiten noch besser einbringen können, wie Sie letztendlich in einer anderen Branche noch mehr verdienen können. Das ist ja in der heutigen Zeit für uns alle ein zentrales Thema. Oder?"*

Das Ziel dieser Formulierung ist einzig und allein, mit dem Schlüssel einen „Vorwand" aufzuschließen, also herauszufinden, was hinter der (Vor)Wand liegt. Mit dem kleinen Satz „mal abgesehen davon ..." gehen Sie förmlich um die Wand, den allgemeinen Vorwand „kein Interesse!"

herum oder direkt durch die Wand hindurch. Es geht um die Diagnose. Es geht darum aufzuschließen, was die wirklichen Gründe sind, was Ihren Gesprächspartner im Innersten beschäftigt. Wenn Sie argumentieren, ohne vorher eine Diagnose gestellt zu haben, kann es sein, dass Sie an Ihrem Gesprächspartner vorbeiargumentieren. Wenn Sie gleich weiter auf ihn zugehen mit einer Verteidigung der Tätigkeit, die Sie ihm anbieten, dann gleicht das einer Seereise ohne Kompass. Sie fahren zwar mit vollen Segeln, wissen aber nicht, wo Sie landen. Mit der Schlüsseltechnik hingegen diagnostizieren Sie – ähnlich wie ein Arzt, der erst eine Diagnose durchführt und dann mit der Behandlung beginnt.

> **Schlüsseltechnik „Kein Interesse"**
>
> *„Gut, dass Sie es gleich sagen. Einmal abgesehen davon, dass Sie im Augenblick kein Interesse haben, so sind Sie bestimmt immer, immer daran interessiert, zu erfahren, wie Sie mit Ihren beruflichen Fähigkeiten noch mehr Geld verdienen und noch schneller Karriere machen können. Denn dies ist ja immer ein zentrales Thema, nicht wahr?"*

Wenn Sie diese Schlüssel-Formulierung beherrschen, werden Sie merken, dass nicht mehr so viele Aussagen „Kein Interesse" kommen. Weil Sie selbstbewusst auftreten und sich sicher sind, dass Sie auf jede Aussage Ihres Gesprächspartners richtig reagieren können. Im besten Fall warten Sie förmlich darauf, dass bald mal wieder ein Bewerber sagt: „Kein Interesse! – Kommt für mich nicht in Frage."

Ziel des Vorgehens ist es, Ihren Gesprächspartner dazu zu bringen, zu sagen, was er wirklich will – oder eben auch nicht. „Ja, ja, schon, aber ... aber für eine zweite Tätigkeit habe ich keine Zeit." „Aber ich werde nächste Woche Abteilungsleiter." „Finanzdienstleistungs-Branche – das kommt für mich nicht in Frage." Das Ziel besteht einzig und allein darin, aus einer allgemeinen Zurückweisung, aus einer allgemeinen Aussage etwas Detailliertes herauszuholen. Denn einen Gesprächspartner nach einem allgemeinen Vorwand „Ne, brauch' ich nicht ... kommt für mich nicht in Frage ... kein Interesse" sofort zur Infoveranstaltung einzuladen oder ein Bewerbungsgespräch zu starten, macht wenig Sinn und ist ebenso wenig erfolgreich. Wir müssen vielmehr tiefer graben und herausfinden, woraus der (gedankliche) Ballast besteht, der ihn davon abhält, zu starten oder sich zumindest über die Möglichkeiten zu informieren. Wir müssen einen konkreten Ansatzpunkt finden, um ihm auch möglichst konkret etwas anbieten zu können.

So viel zum Schlüssel, der den Vorwand KI – Kein Interesse – aufschließt, auf den Sie mit der Kernformulierung antworten: „Mal abgesehen davon ...". Dieser Schlüssel hat sich in der Praxis bewährt. Einen weiteren Schlüssel, den Sie einsetzen können, wenn der Kunde einfach „Nein" sagt, lernen Sie in dem folgenden Absatz kennen.

Die Schlüsseltechnik „Nein"

Der Schlüssel für das „Nein" ist für jegliche Art von Zurückweisung geeignet. Stellen Sie sich vor, Sie sprechen mit einem Kunden und der sagt: „Ne, lassen Sie gut sein, kommt für mich nicht in Frage." Dann müsste Ihre Antwort darauf lauten:

„Herr ..., da gibt es zwei Möglichkeiten: Einmal, Sie wollen nicht erfahren, wie Sie Ihr Einkommen ganz erheblich steigern können, Sie wollen nicht wissen, wie Sie mit Ihren Fähigkeiten woanders noch schneller Karriere machen können. Ich meine, da brauchen wir nicht darüber reden, das schließt sich ja von selbst aus. Da ist bestimmt, bestimmt irgendein Punkt, irgend etwas, was Sie im Augenblick zurückhaltend und vorsichtig sein lässt, was Sie davon abhält, sich mal intensiver mit einer Tätigkeit in unserem Vertrieb auseinander zu setzen. Sagen Sie mal unter uns, ganz offen: Was ist es, woran liegt es?"

Mit dieser Formulierung schließen Sie Ihren Gesprächspartner regelrecht auf, indem Sie zwei Extreme gegenüberstellen. Sie sind in der ersten Formulierung offensiv, greifen ihn sogar leicht an, um damit anschließend den wahren Grund aufzuschließen. Die Schlüsseltechnik ist auch in diesem Fall ein wunderbares Diagnoseinstrument, mit dem Sie herausfinden können, was Ihren Gesprächspartner wirklich beschäftigt.

Zu Beginn werden Sie bei sich eine gewisse Hemmschwelle feststellen, den potenziellen Vertriebspartner so anzusprechen bzw. ihn im Extremfall sogar etwas anzugreifen. Vielleicht hält Sie auch Ihre Angst davon ab, diese Technik einzusetzen – Angst davor, die wahren Gründe zu erfahren. Denn mit ihnen müssen Sie sich dann tatsächlich auch auseinander setzen und einen Lösungsansatz suchen. Testen Sie sich aus, probieren Sie die beiden Varianten aus und spüren Sie nach, ob sie zu Ihnen passen – bzw. welche zu Ihnen passt.

Wichtig ist dabei, dass Sie Ihre Formulierungen so gestalten, dass Sie sich in ihnen tatsächlich wiederfinden, das heißt, dass Sie sich mit ihnen wohl fühlen. Die Worte müssen Ihnen leicht von den Lippen kommen. Dann sind Sie in der Lage, die Schlüsseltechniken gekonnt anzuwenden und diese auch zum Beispiel miteinander zu verknüpfen.

Beispielhafter Gesprächsverlauf

Martin Jäger (Vertriebsleiter):

„Sagen Sie, was halten Sie davon, mal im Detail zu erfahren, wie Sie in einem völlig anderen Bereich noch schneller Karriere machen können?"

Josef Frisch (potenzieller Kandidat):
„Also daran habe ich überhaupt kein Interesse!"
Martin Jäger:

„Dass Sie erst mal vorsichtig sind, das ist klar, mal abgesehen davon, dass Sie im Augenblick wenig Interesse haben, sind Sie bestimmt im-

mer, immer daran interessiert, zu erfahren, wie Sie bei Ihren Fähigkeiten in einem anderen Aufgabenbereich noch mehr verdienen können. Denn Geld verdienen ist in der heutigen, wirtschaftlich schweren Zeit für uns alle ja ein ganz zentrales Thema. Oder?"

Josef Frisch:
„Ja, grundsätzlich schon, aber ich weiß nicht so recht ...!"

Martin Jäger:

„Es gibt zwei Möglichkeiten: Einmal, Sie wollen nicht mal erfahren, wie Sie hier bei Ihren Fähigkeiten, bei Ihrer beruflichen Ausbildung und bei Ihrem positiven Umgang mit Menschen noch mehr verdienen können. Das schließt sich von selbst aus. Das gibt es gar nicht. Da ist bestimmt, bestimmt irgendetwas, was Sie augenblicklich verunsichert. Sagen Sie mal ganz offen: Welcher Punkt ist es, der Sie davon abhält, sich mit diesem Tätigkeitsbild einmal näher auseinander zu setzen. Mal ganz offen, woran liegt's?"

Versetzen Sie sich in die Lage von Herrn Frisch: Glauben Sie auch, dass er – auf diese Art und Weise befragt – seine wahren Zweifel und Gründe äußern wird? Probieren Sie die Formulierungen aus, Sie werden selbst sehen, wie sie dazu führen, dass sich Ihre Gesprächspartner Ihnen gegenüber öffnen und ihre Beweggründe für die erste spontane Abwehr mitteilen.

Gehören Sie vielleicht Sie zu den Menschen, die mit solchen Standard-Formulierungen Probleme haben? Die Erfahrung zeigt, dass zwanzig Prozent sie sofort umsetzen und in ihr persönliches Repertoire aufnehmen, der Rest kämpft damit, testet es, kommt nicht gleich perfekt damit zurecht und lässt es wieder bleiben. Vielleicht probiert er es sogar nach einer gewissen Zeit noch einmal aus. Bleiben Sie dabei, versuchen Sie es weiter, bis zum ersten Erfolgserlebnis. Das wird nicht lange auf sich warten lassen. Wenn Sie erst einmal gemerkt haben, dass die Methode funktioniert, dass sie Erfolg bringt, werden Sie keine Schwierigkeit mehr haben, sie anzuwenden. Also: Auch wenn Sie eine Hemmschwelle überwinden müssen und Mut brauchen, testen Sie die Technik einfach in der Praxis und entscheiden dann, inwieweit Sie sie anwenden möchten!

Ein Tipp für Ihre „Testphase": Probieren Sie solche Methoden bitte möglichst bei Menschen aus, die Sie nicht kennen. Sie können sich sicher vorstellen, was passiert, wenn Sie einem Menschen (zum Beispiel einem Ihrer Kunden) gegenübersitzen, den Sie schon seit vielen Jahren kennen: Er wird sich wahrscheinlich über Ihr verändertes Verhalten wundern, ist sogar vielleicht leicht befremdet. Bleiben Sie bei Ihren bestehenden Kunden authentisch, wenden Sie eine neue Technik bei ihnen erst an, wenn Sie sich mit ihr sicher fühlen, das heißt, wenn Sie so weit sind, dass Sie sie auf Ihr eigenes Sprachmuster übertragen haben. Für die Testphase eignen sich eher Menschen, die Sie nicht einordnen können, mit denen Sie noch keine Gesprächserfahrung haben.

Sobald Sie also pauschalere Zurückweisungen hören, wie zum Beispiel

- Bin mit meinem Job zufrieden
- Habe kein Interesse
- Kommt für mich nicht in Frage

wissen Sie instinktiv, dass hier die Schlüsseltechnik anzuwenden ist.

Zusammenfassung

Pauschale Aussagen (Vorwände) werden „aufgeschlossen", um eine konkrete Aussage zu erhalten. Beim Einsatz der Schlüsseltechnik ist darauf zu achten, dass alle „Zacken" dieses Schlüssels auch tatsächlich eingesetzt werden – denn nur so wird die gewünschte Wirkung erzielt. Achten Sie bitte bei Ihren Formulierungen darauf, dass sie Ihren Sprachmustern angepasst sind, und investieren Sie so viel Zeit, wie Sie selbst für notwendig halten, um diese Formulierungen zu üben.

11. Spezielle Bewerbereinwände mit der 4-Schritt-Methode entkräften

Eine weitere „Zauberformel", mit der Sie Einwände behandeln können, ist die 4-Schritt-Methode. Wenn Sie diese Methode beherrschen, dann sind Sie in der Lage, auf 90 Prozent der Einwände Ihrer Gesprächspartner am Telefon adäquat zu reagieren. Mit der 4-Schritt-Einwand-Behandlungsformel liegen Sie wirklich bei nahezu allen Themen richtig. Sie können damit auch eher heikle Fragen wie „Wie komme ich bei Ihnen an Kunden heran?" „Erhalte ich bei Ihnen auch ein Fixum?" argumentativ entkräften. Die vier Schritte bzw. vier Phasen dieser Technik bestehen aus folgenden Modulen:

1. Abfedern durch Lob
2. Suggestive Gesprächseröffnung
3. Argumentation im Sie-Standpunkt
4. Terminvereinbarung/Einladung zur Infoveranstaltung

Das Durchlaufen dieser vier Phasen im Gespräch erfordert etwas Wissen und dementsprechende Übung in der Praxis – wie alle Methoden.

Schritt 1: Abfedern durch Lob

Für jeden von uns ist regelmäßiges Lob und Anerkennung durch andere Personen ein wesentlicher Aspekt für unser seelisches Gleichgewicht. So haben Psychologen zum Beispiel herausgefunden, dass der Mensch pro Tag durchschnittlich zwischen sechs und acht verbale Streicheleinheiten benötigt, um ausgeglichen zu sein und das Gefühl zu haben, dass seine Umwelt ihn braucht und seine Leistungen anerkannt werden.

Auch für Einwandbehandlungen sind Lobformulierungen also sinnvoll. Unterschieden wird hier zwischen pauschalem Lob und detailliertem Lob. Pauschale Formulierungen können so lauten:

- *„Das ist ein wichtiger Hinweis ..."*
- *„Gut, dass Sie das ansprechen ..."*
- *„Eine ganz wichtige Frage in dem Zusammenhang ..."*
- *„Sie gehen der Sache auf den Grund ..."*
- *„Das ist ein offenes Wort ..."*

Diese pauschalen Aussagen haben allerdings nur eine begrenzte Wirkung, sie sind allgemein bekannt und sollten infolgedessen nur sehr dosiert eingesetzt werden. Prinzipiell ist eine solch allgemeine Formulierung auch nur dann empfehlenswert, wenn eine pauschale allgemeine Aussage des Gesprächspartners im Raum steht, die entkräftet werden soll.

Eine detaillierte Lobformulierung ist möglich und angebracht, wenn der Angerufene einen gezielten Einwand vorbringt, aus dem sich ein konkreter Ansatzpunkt für die Einleitung in die nachfolgende Einwandbehandlung ergibt. Ziel dieser Technik ist es, nach dem Prinzip des „Verbal-Judos" die Skepsis abzufedern und punktgenau dort anzusetzen, wo der Gesprächspartner seinen Widerstand erkennen lässt.

Verbal-Judo – Einige Beispiele

- „Ich bin mit meinem Job zufrieden."

„Schön zu hören, dass Sie mit Ihrem Job zufrieden sind, dass Ihr Beruf Sie ausfüllt ..."

„Wenn Sie mit Ihrer jetzigen Tätigkeit zufrieden sind, bedeutet dies ja nur, dass Sie Ihre jetzige Tätigkeit und das Unternehmen, in dem Sie arbeiten, sorgsam ausgewählt haben."

▸ „Verkaufen, das kann ich nicht!"

„In der Tat, Verkaufen ist sicher nicht jedermanns Sache. Dass Sie sich fragen, inwieweit eine solche Tätigkeit Ihren Neigungen entspricht, ist vollkommen klar."

oder: *„So wie Sie denken viele, dass der Verkauf für sie keine interessante Alternative zur jetzigen Tätigkeit ist."*

▸ „Vertriebe arbeiten unseriös!"

„Dass Sie gewisse Vorbehalte gegenüber der Branche haben, ist vollkommen klar. Es gibt natürlich einige, die dazu beitragen, dass diese Branche als unseriös gilt …"

oder: *„Dass Sie beruflichen Angeboten erst mal skeptisch gegenüberstehen, dass Sie mit einer gewissen Vorsicht an solche Angebote rangehen, spricht nur für Sie. Dass Sie sorgsam abwägen, inwieweit diese Branche Ihren Vorstellungen entspricht, ist vollkommen klar."*

Wichtig ist hier, die Begriffe, die der Kunde als Einwand vorbringt, möglichst genau in der abfedernden Lobformulierung widerzuspiegeln. Die Parallele zur asiatischen Kampfsportart Judo ist offensichtlich: Der Anrufer lässt die Aggression des Gesprächspartners ins Leere laufen und reagiert erst dann auf den Angriff. Diese Vorgehensweise widerspricht dem sonst üblichen Reflex in der menschlichen Kommunikation, sich auf einen Angriff hin zu verteidigen und in Abwehrstellung zu gehen. Gerade die Abweichung vom „normalen" Verhalten ist es, die Ihnen im weiteren Gespräch den Spielraum verschafft, den Sie für das Vorbringen Ihrer Einwandbehandlung benötigen. In der Praxis gehört einiges Fingerspitzengefühl dazu, um für die gängigen Einwände entsprechende wohl dosierte, detaillierte Lobformulierungen auszuarbeiten, die auch mit dem persönlichen Sprachgebrauch des Einzelnen in Einklang stehen. Wesentlicher Faktor ist also auch hier die richtige Dosierung.

In der „Hohen Kunst des Lobens" geht es grundsätzlich darum, auf eine (wenn auch noch so kritische) Aussage des Gesprächspartners nicht sofort mit einer (Gegen-)Aussage, einem (Gegen-)Argument zu antworten. Nicht Zurückschießen ist angesagt, sondern eine Strategie, die diese „Ecken weich macht", abfedert, den Menschen (in seiner Meinung) annimmt und bestätigt. Es gibt keine Aussage, die wir nicht abfedern können. Auf diese Weise machen wir die Kommunikation „weicher" und angenehmer für beide Seiten. Das berühmte Wort von Sigmund Freud bestätigt diese Strategie:

> *Der Mensch kann sich gegen einen Angriff wehren,*
> *nicht aber gegen ein Lob.*

Hüten Sie sich allerdings vor dem Gebrauch allzu allgemeiner Floskeln. Wie bereits weiter oben angeführt, kommen Sie mit Formulierungen wie: „Gut, dass Sie das ansprechen ..." „Ein wichtiger Punkt, eine ganz zentrale Frage ..." „Das ist ein offenes Wort ..." nicht besonders weit. Sie dienen lediglich als Einstieg ins Annehmen und Abfedern, danach muss eine detaillierte Formulierung folgen. Ziel ist dabei, genau die Aussage, die der Kunde ins Feld führt, zu spiegeln, sie dadurch anzunehmen und abzufedern. Damit verzahnt sich das Gespräch und Sie erhöhen die Wirkung immens. Je detaillierter Sie abfedern, umso besser.

Trainieren Sie mit folgender Übung die Anwendung detaillierter Formulierungen, mit denen Sie die Einwände des Gesprächspartners annehmen:

Übung

Notieren Sie bitte je zwei verschiedene abfedernde Formulierungen zu den nachfolgenden Standardeinwänden:

„Mit meinem jetzigen Job bin ich zufrieden."

1. _____
   _____
   _____

2. _____
   _____
   _____

„Verkaufen kann ich nicht."

1. _____
   _____
   _____

2. _____
   _____
   _____

„Für den Außendienst bin ich nicht geeignet."

1. _____
   _____
   _____

2. _____
   _____
   _____

Übung

„Die Finanzdienstleistungsbranche kommt für mich nicht in Frage."

1. _____

2. _____

„Strukturvertriebe arbeiten doch alle unseriös."

1. _____

2. _____

„Das machen schon so viele."

1. _____

2. _____

Vielleicht stellen Sie sich die Frage, ob Sie denn in der Praxis wirklich auf eine knallharte Äußerung mit einem Lob reagieren können. Alles Übungssache! Wichtig ist, dass Ihr Lob tatsächlich ehrlich und realistisch klingt. Das gelingt Ihnen nicht, wenn Sie einfach unvorbereitet eine Formulierung aus dem Ärmel schütteln müssen. Diese Formulierungen sollten vorbereitet sein, damit Sie im entsprechenden Moment reagieren können, wenn Sie mit einer solchen Aussage konfrontiert werden. Es ist sehr hilfreich, diese Formulierungen auch einmal im direkten Dialog zu üben.

Schritt 2: Suggestive Gesprächseröffnung

Die Methode des Abfederns durch Lobformulierung, die im vorhergehenden Abschnitt erläutert wurde, stellt einen wesentlichen Baustein für die professionelle Einwandbehandlung dar. Damit ist der Einwand allerdings noch lange nicht entkräftet. Der zweite Schritt der 4-Schritt-Methode – die suggestive Gesprächseröffnung – bringt Sie noch ein Stück weiter.

Früher nahm die so genannte „Ja, aber-Technik" als Einwandbehandlungsmethode einen festen Platz in der Vertriebsrhetorik ein. Mag diese Vorgehensweise damals auch zum Erfolg geführt haben, heutzutage führt sie leicht ins Abseits. Wir sind kritischer geworden und solchen Methoden gegenüber weitestgehend resistent. Sie werden schnell als plumpe Überrumpelungstechnik eingestuft und führen dementsprechend in den seltensten Fällen zum Erfolg. Hier gilt es, Alternativen zu diesem Konfrontationswort zu finden und diese einzusetzen: Bewährt hat sich für diese Phase 2, die dem Abfedern durch Lob folgt, die aus der Rhetorik bekannte, so genannte *suggestive Eröffnung*. Der Begriff Suggestion wird definiert als unterschwellige Beeinflussung, die der Mensch als angenehm empfindet, allerdings nicht bewusst wahrnimmt. Viele werden durch den Begriff Suggestion sofort an Suggestivfragen erinnert, deren Einsatz heute allerdings sehr viel Vorsicht und Fingerspitzengefühl erfordert. Bei der suggestiven Eröffnung handelt es sich um eine leichte, am Gesprächspartner orientierte Unterstellung, die als Übergang in die nachfolgende Argumentationsphase dient. Das Ziel dieser Unterstellung besteht daraus, mit einer winzigen Formulierung die Neugier des Gesprächspartners zu wecken und hier an Stelle der sonst üblichen Konfrontation einen kooperativen Weg zu finden.

Konfrontationsworte meiden

Welches Wort kommt mit mehr als 80-prozentiger Wahrscheinlichkeit nach dem Abfedern? Genau: das „Aber"! Die häufigsten Konfrontationsworte, die wir im Sprachgebrauch haben, sind:

- aber
- doch, dennoch, jedoch
- trotzdem

Wenn es Ihnen gelingt, diese Worte aus Ihrem Sprachgebrauch zu streichen, wird das sehr positive Auswirkungen auf Ihre Kommunikation haben. Brechen Sie aus dem klassischen Sprachmuster aus, das sich durch das „aber" identifizieren lässt:

- „Natürlich hast du Recht, aber ..."
- „Das ist eine gute Idee, aber ..."

Zuerst kommt die Zustimmung, dann das *aber*, das die vorher gegebene Zustimmung zu einem Großteil gleich wieder zunichte macht. Stellen Sie sich vor, Sie sagen zu einem kleinen Jungen oder einem kleinen Mädchen: „Toll, dass du eine Zwei in Rechnen geschrieben hast, aber dein Zimmer musst du noch aufräumen." Glauben Sie, das Kind kann sich über das Lob wirklich freuen?

Aber ist ein Konfrontationswort. Mit *aber* vernichten Sie das, was Sie vorher aufgebaut haben. Deshalb: In der zweiten Phase gilt es, diese Konfrontation aus dem Gespräch herauszuhalten. In der Folge stelle ich Ihnen einige Beispiele für die suggestive Eröffnung vor, die das Wort „aber" ausklammern. Denn in der Gesprächseröffnung geht es in erster Linie darum, Neugier zu wecken und Spannung aufzubauen – und das ohne Konfrontation:

Suggestive Eröffnungen, die den Sie-Standpunkt berücksichtigen und Konfrontationsworte vermeiden, können sich folgendermaßen anhören:

- „Bestimmt legen Sie Wert darauf ..."
- „Sicher ist Ihnen wichtig ..."
- „Dann kann es für Sie ja nur von Vorteil sein ..."
- „Dann kommt es Ihnen bestimmt darauf an ..."

Immer dann, wenn eine Kontrollfrage gestellt werden kann, wie:

- „Worauf lege ich Wert?"
- oder: „Was ist mir wichtig?"
- oder: „Um welchen Vorteil geht es?"
- oder: „Worauf kommt es mir an?"

handelt es sich um eine suggestive Eröffnung. Mit einer solchen Formulierung spannen Sie sozusagen den Bogen für Ihre anschließende Argumentation. Diese suggestive Eröffnung ist eine sehr wirksame Möglichkeit, *Phase 1* des Abfederns durch Lob mit der *Phase 3* der Argumentation zu verbinden, die im folgenden Absatz ausführlich dargestellt wird.

Schritt 3: Argumentation im Sie-Standpunkt

In *Phase 3* greifen die bereits erwähnten Grundregeln für professionelle Rhetorik, indem die Argumentation am Gesprächspartner orientiert im Sie-Standpunkt geführt und der Nutzen einer Terminvereinbarung anhand der „Schnitzeltechnik" deutlich hervorgehoben wird.

Es ist erwiesen, dass Ihre Argumentationskraft in der Rolle desjenigen, der das Gespräch eröffnet und ein Anliegen an sein Gegenüber hat, stärker wird, wenn Sie Ihr Sprachverhalten Sie-orientiert ausrichten. Nur dann ist die Möglichkeit gegeben, diese unbewussten Fragen des Gesprächspartners auch zu berücksichtigen und zu beantworten. Bleiben Sie beim Ich-Standpunkt, so sprechen Sie im Prinzip *zu* dem potenziellen Mitarbeiter, nicht *mit* ihm – und die Praxis hat gezeigt, dass die Wahrscheinlichkeit einer Terminvereinbarung erheblich steigt, wenn Sie den Dialog *mit* Ihrem Gesprächspartner führen.

Untersuchungen belegen, dass der Mensch während einer Minute seines Redeflusses fünf bis sieben Mal ich-bezogene Wörter benutzt, also: ich, mir, meiner, mich, wir und unser. Sie sind sich eines bedeutend höheren Maßes an Sympathie und Akzeptanz sicher, wenn Sie den Ich-Standpunkt durch den Sie-Standpunkt ersetzen, das heißt, durch die Verwendung von Wörtern wie: Sie, Ihnen, Name des Gesprächspartners und Nennung des Unternehmensnamens anstelle des „wir".

Hier ein Beispiel für die Reaktion auf einen Einwand, die im Sie-Standpunkt formuliert ist, und den exemplarischen weiteren Verlauf des Gesprächs:

▶ „Ich habe keine Zeit."

„Vollkommen verständlich, dass Sie bei Ihrem Job Ihre Zeit sicher sorgsam einteilen müssen. Und dass Sie sich fragen, inwieweit es Ihr Wochenablauf überhaupt zulässt, auch noch für eine Nebentätigkeit Zeit aufzuwenden, ist vollkommen klar."

oder Sie antworten: *„Natürlich, Zeit ist heute ein knapp bemessenes Gut. Sie sind in Ihrem Job sicher eingespannt, und mit Ihrer Familie wollen Sie sicher auch noch genug Zeit verbringen."*

Auf diese Weise solidarisieren Sie sich und geben dem Gesprächspartner das Gefühl, dass Sie ihn annehmen. Dann schaffen Sie einen suggestiven Übergang zu den Argumenten:

„Dann ist es für Sie sicher besonders interessant ..."

„... mal gemeinsam zu prüfen, wie Sie in einem völlig neuen Aufgabengebiet Ihre Zeit frei einteilen können und so auch tagsüber einmal Zeit für Ihre Kinder haben. Es gibt noch weitere Vorteile, die Ihnen ein Einstieg in diese Branche bietet, die den Rahmen des Telefonats sprengen würden. Da ist es wichtig, dass wir uns einfach mal persönlich zusammensetzen. Die Frage ist nur, wann."

Wenn er noch nicht bereit ist, einem Termin zuzustimmen, und zum Beispiel sagt:

▶ „Ach, schicken Sie mir doch erst mal was zu."

antworten Sie: *„Dass Sie sich erst mal einlesen wollen, das ist verständlich. Es ist durchaus eine Möglichkeit, sich anhand von Unterlagen damit zu beschäftigen. Sie wissen auch, dass Unterlagen meist noch mehr Fragen aufwerfen. Und bevor Sie sich durch einen Stapel Papier quälen, ist es eben besser, wir setzen uns zusammen, um mal genau durchzusprechen, wie Ihre persönlichen Perspektiven in diesem Vertrieb aussehen könnten. Wann wollen wir uns mal kennen lernen?"*

Noch ist er nicht bereit, auf ein Treffen einzugehen, und führt einen weiteren Einwand an:

▶ „Ja, ich bin doch eigentlich ganz zufrieden mit meinem Job! Was können Sie mir denn bieten, was ich nicht schon habe?"

Worauf Sie antworten können: *„Das ist ja hervorragend, wenn Sie sich in Ihrem jetzigen Aufgabengebiet wohl fühlen. Das hört man sowieso viel zu selten. Dann kann es ja für Sie nur von Vorteil sein, sich einmal eine Alternative anzusehen. Bestenfalls stellt sich nach dem Gespräch heraus, dass Sie in Ihrem jetzigen Job genau richtig sind. Wann ist für*

Sie denn grundsätzlich der beste Wochentag, damit wir uns einmal zusammensetzen? Können Sie am Dienstag um 19.00 Uhr zu einer Infoveranstaltung kommen, bei der Sie alle Details kennen lernen, oder klappt es erst nächste Woche, dann gibt es eine Chance am Donnerstagabend um die gleiche Zeit."

Nach diesem Gesprächsverlauf ist die Wahrscheinlichkeit, dass Ihr Gesprächspartner dem Termin zustimmt, schon ziemlich hoch!

Einige weitere beispielhafte Einwandbehandlungen, die Sie auf die eine oder andere Art und Weise modifiziert für sich einüben können, lauten folgendermaßen:

▶ „Verkaufen kann ich nicht."

„Dass Sie sich erst einmal fragen, inwieweit diese Tätigkeit Ihren Neigungen entspricht, ist vollkommen klar. Dazu ist zu sagen, dass es sich hier bei diesem Vertrieb um ein sehr vielschichtiges Tätigkeitsbild handelt. Inwieweit das genau Ihren Stärken entspricht, ist am Telefon natürlich sehr schwer zu diskutieren. Es macht sicher Sinn, dass wir uns darüber im Detail unterhalten. Wenn Sie am Donnerstagabend dabei sind, werden Sie alles erfahren, was wichtig ist, um hier eine Entscheidung treffen zu können."

▶ „Ich werde dauernd auf eine Vertriebstätigkeit angesprochen ..."

„Natürlich, jemand wie Sie kriegt sicher eine Menge Angebote. Das zeigt nur, dass viele der Überzeugung sind, dass Sie im Vertrieb in kürzester Zeit eine noch schnellere Karriere machen könnten. Dann ist es ja umso wichtiger, dass wir uns mal darüber unterhalten, welche Vorzüge Sie genießen können, wenn Sie sich für eine Mitarbeit in diesem Vertrieb entscheiden und nicht bei einem der übrigen Anbieter."

▶ „Es gibt schon so viele Berater!"

„Es gibt natürlich schon viele Kollegen, die in dieser Branche erfolgreich tätig sind. Das stimmt, da haben Sie durchaus Recht. Wir spre-

chen hier über einen absoluten Wachstumsmarkt, und Sie können beobachten, dass immer mehr die Vorzüge dieser Branche erkannt haben und sich für diese Tätigkeit interessieren. Durch die hohe Werbepräsenz und die vielen Botschaften in den Medien ist es vollkommen verständlich, dass Sie so empfinden. Gleichzeitig ist der Bedarf an fähigen Mitarbeitern noch immens hoch."

Versuchen Sie nun, mit dem Wissen, über das Sie inzwischen verfügen, eigene Formulierungen zu finden, die zu Ihnen passen und die Ihnen bei Ihren Recruiting-Aktionen Sicherheit verleihen.

Schritt 4: Terminvereinbarung/Einladung zur Infoveranstaltung

Mit der Abschlussphase, also der Frage nach dem konkreten Termin, spannen Sie quasi den Bogen zur Entscheidung des Bewerbers. Früher war es eine sehr verbreitete Methode, gerade in dieser Phase mit der Alternativfragetechnik zu arbeiten. Es wurden solche Formulierungen wie „lieber Montag oder Dienstag" oder „lieber vormittags oder am Nachmittag" benutzt. Diese Art der Terminanfrage hat sich mittlerweile sehr abgenutzt und weckt eher negative Assoziationen, besonders wenn diese Formulierung ungeschickt bzw. plump vorgetragen wird.

Die Bedeutung der Abschlussfrage wird im Allgemeinen eher überbewertet. Wenn Sie es bis zu diesem Zeitpunkt des Gesprächsverlaufs geschafft haben, den Nutzen des Gesprächs, d. h. die Teilnahme an einer Ihrer Informationsveranstaltungen zu transportieren, dann ist die Zusage fast schon eine Selbstverständlichkeit. Nichtsdestotrotz ist eine möglichst weich formulierte Abschlussfrage angebracht und ganz sicher sympathisch, zum Beispiel: „Von Ihrem Wochenablauf her: Können Sie sich für die Informationsveranstaltung am kommenden Donnerstag frei machen? Oder wann ist denn aus Ihrer Sicht der beste

Zeitpunkt für ein persönliches Gespräch?" Es geht also nur noch darum, sich auf einen Termin zu einigen.

> **Zusammenfassung**
>
> Die tägliche Praxis zeigt, dass viele Verkäufer für den Dialog mit dem Gesprächspartner nur unzureichend vorbereitet sind. Dabei ist die erfolgreiche Einwandbehandlung Garant für höhere Abschlusszahlen am Telefon.
>
> Die in diesem Kapitel vorgestellte 4-Phasen-Methode, anhand derer es Ihnen gelingt, Bewerberaussagen besser zu entkräften, ist das Sprungbrett für mehr Bewerbergespräche und mehr Teilnehmer bei einer Informationsveranstaltung.
>
> Die einzelnen Phasen bieten genügend Variationsmöglichkeiten für Sie, nach Ihrem ganz persönlichen Sprachmuster die notwendige Identifikation mit der Einwandbehandlung zu erreichen. Denken Sie bitte daran: Gerade für diesen Gesprächsabschnitt gilt:
>
> Üben – üben – üben!

12. Die Selbstbezichtigung als Joker der Einwandbehandlung

Die vorangegangene Technik, die darin besteht, den Sie-Standpunkt einzunehmen und dementsprechend zu formulieren, ist die unbedingte Voraussetzung für das Funktionieren der Selbstbezichtigungsmethode. Wenn Sie mit dieser rhetorischen Feinheit also vertraut sind, ist die Spezialtechnik der Selbstbezichtigungsmethode eine wunderbare Methode, mit Kundeneinwänden umzugehen.

Wenn Sie allerdings eher dazu tendieren, eine „normale", Ich-bezogene Argumentation im Verkaufsgespräch zu pflegen, also die Technik des Sie-Standpunkts nicht in Ihrer Verkaufsrhetorik berücksichtigen, dann ist diese Methode nicht unbedingt die richtige für Sie. Die Selbstbezichtigungsmethode führt dazu, dass Sie die Anzahl der „Ich-Botschaften" in Ihren Dialogen noch weiter erhöhen und dadurch die beabsichtigte Wirkung verfehlen.

Aussagen wie „Da haben Sie nicht richtig zugehört!" oder: „Dann haben Sie das missverstanden!" sind deutliche Vorwürfe an den Gesprächspartner, auch wenn hier eine klar Sie-orientierte Ausrichtung erkennbar ist. Solche Aussagen kommen bei Ihren potenziellen Mitarbeitern trotz des Sie-Standpunkts nicht gut an. Kommunikationsprofis und diejenigen, die sich mit rhetorischen Feinheiten vertraut gemacht haben, werden Formulierungen vorziehen wie „Dann habe ich *mich* hier wohl missverständlich ausgedrückt" oder: „Dann habe *ich* das wohl falsch erklärt." Der Sprecher wird sich also selbst bezichtigen und auf jeden Fall von einem Vorwurf an den Gesprächspartner absehen. In der folgenden Beschreibung können Sie die Methode der Selbstbezichtigung in ihren einzelnen Schritten kennen lernen.

Die einzelnen Phasen der „Selbstbezichtigungsmethode" werden jeweils mit einem so genannten „Signalwort" eröffnet, das hat für den

Anwender den Vorteil, dass er bei entsprechend regelmäßiger Anwendung nahezu reflexartig auf diesen Fahrplan zurückgreifen kann.

Phase 1

In *Phase 1* geht es darum, ein Höchstmaß an Solidarität mit dem Gesprächspartner zu erreichen. Sie pflichten ihm bei, akzeptieren seine Aussage und solidarisieren sich auf diese Weise stark mit seiner Person. Da das Unterbewusstsein Ihres Kunden unterschwellig eher darauf eingestellt war, dass die von ihm vorgebrachte Aussage relativiert wird, ist er nun über diese Annäherung und Übereinstimmung eher erstaunt.

Sie antworten auf den Einwand zum Beispiel folgendermaßen:

„*Ich selbst war genauso skeptisch, ich habe auch gedacht, das kann nichts werden, ich habe spontan genauso reagiert.*"

Phase 2

In *Phase 2* lenken Sie nun die Aufmerksamkeit auf eine persönliche Erfahrung oder die Erfahrung eines Dritten. In dieser Phase haben Sie den höchsten Redeanteil. So entfernen Sie sich etwas von Ihrem Kunden und markieren durch den Einsatz des Signalworts „bis" einen entscheidenden Wendepunkt im Zeitablauf Ihrer Schilderung. Sie benutzen dann Formulierungen wie

„*... bis ich dann ... gemerkt, gehört habe, ...*"
„*... bis ich dann erfahren habe, ...*"
„*... bis ich mich dann mit diesem Thema auseinander gesetzt habe.*"

Das anschließende Schlüsselerlebnis sollte möglichst authentisch, nachvollziehbar und spezifisch sein. Je spezifischer Sie hier auf eine bestimmte Gegebenheit abstellen, umso stärker ist die Überzeugungskraft.

Phase 3

In *Phase 3* ziehen Sie das Fazit aus der bisherigen Darstellung und appellieren unbewusst an die Zustimmung Ihres Kunden. Hier wird wieder durch den Einsatz des Signalworts „seitdem" ein Zeitpunkt präzisiert, und im Ergebnis sitzen Sie nach dem anfänglichen Schulterschluss nunmehr Ihrem Gesprächspartner direkt gegenüber. Ihre Mitteilung einer eigenen Erfahrung leiten Sie zum Beispiel mit folgenden Worten ein:

„Seitdem weiß ich, ..."
„Seitdem habe ich, ..."
„Seitdem bin ich ..."

In diesen drei Phasen setzen Sie bewusst eine Ich-orientierte Darstellung ein, Sie stellen sehr stark auf Ihre Person ab. Beim anschließenden Übergang in die Argumentationsphase wechseln Sie dann zum Sie-Standpunkt. Dieser Übergang wird formuliert durch: *„denn wenn Sie sich für xy entscheiden, bietet Ihnen das drei, drei entscheidende Vorteile."* Beim dritten Argument erhöhen Sie die Aufmerksamkeit zusätzlich, indem Sie es mit einer Formulierung einleiten wie:

„Und dies ist ja besonders wichtig ..."

Mit der Selbstbezichtigungsmethode können Sie auf massive Aussagen eines potenziellen Mitarbeiters/Bewerbers also so reagieren, dass das Gespräch in Folge einen konstruktiven Verlauf nehmen kann. Mit der anschließenden Anführung von drei Argumenten im Sie-Standpunkt vertiefen Sie die Wirkung des vorangegangenen Schrittes noch zusätzlich. (Eine übersichtliche Darstellung der Selbstbezichtigungsmethode finden Sie auf der nächsten Seite.)

Je massiver der Vorwurf, umso besser. Bei massiven Vorbehalten, zum Beispiel gegenüber dem Strukturvertrieb oder dem Verkauf im Allgemeinen, ist die Methode der Selbstbezichtigung bestens geeignet. Wenn zum Beispiel ein potenzieller Vertriebspartner zu Ihnen sagt:

Selbstbezichtigungsmethode

Phase 1

Solidarität
Signalwort: „Ich selbst ...", „ich habe auch ..."

Phase 2

Schlüsselerlebnis – Überzeugung
Signalwort: „ ... bis ich dann ..."

Phase 3

Fazit – Folgerung
Signalwort: „ .... seitdem weiß ich/habe ich ..."

Denn wenn Sie sich für XY entscheiden, bietet Ihnen dies drei, drei entscheidende Vorteile:

1) ....
2) ....
3) und dies ist ja besonders wichtig ....

„Strukturvertrieb – kommen Sie, hören Sie bloß auf. In so einem Vertrieb fange ich schon mal überhaupt nicht an. Das ist doch ein unseriöses Schneeballsystem. Ohne mich!", dann haben Sie die optimale Chance, sich ihm zuzuwenden und ihn anschließend anhand der beschriebenen Technik zu überzeugen:

„Also, ich habe mir früher niemals vorstellen können, in einem Strukturvertrieb meinen Lebensunterhalt zu verdienen ..."

„Bis ich dann erkannt habe, dass es zwei Arten von Strukturvertrieb gibt. Den einen, der ist nach dem Karriereplan geradezu menschenverachtend, das ist moderne Sklavenhaltung, das ist Ausbeutung. Das sind natürlich diejenigen, die für den miserablen Ruf von Strukturvertrieben verantwortlich sind. Aber da gibt es auch die anderen: Das ist ein klares, hartes, faires System, wo Leistungstransparenz im Vordergrund steht, wo jeder die gleiche Ausgangssituation hat, wo auch in der heutigen Zeit diejenigen, die sich engagieren, in kürzester Zeit eine immense Karriereperspektive haben. Ja, und seitdem weiß ich, es ist natürlich schon wichtig, sich den Karriereplan und den Vertrieb, auf den man sich einlässt, sehr genau anzuschauen. Wenn Sie sich hier für unseren Vertrieb entscheiden, hat das für Sie drei, drei Vorteile: 1., 2., 3. ..."

Lassen Sie sich also von massiven Vorwürfen nicht schrecken, im Gegenteil: Nutzen Sie sie!

Weiter oben habe ich die Bedeutung des Vortrags eines zusätzlichen Infosprechers herausgestellt, mit dem sich die Teilnehmer einer Infoveranstaltung solidarisieren können. Am Beispiel seines Vortrags bitte ich Sie, sich die Wirkung der beschriebenen Methoden nochmals zu vergegenwärtigen.

Vortrag des Infosprechers

Einstieg:

„Also ich habe ja vor wenigen Monaten genauso hier gesessen ..."
„Also ich war ja auch sehr, sehr skeptisch ..." *„Ich habe mir ja auch nicht vorstellen können, jemals in dieser Branche tätig zu sein ..."*

Er erzeugt starke Solidarität mit den Zuhörern:

"Ich habe ja früher dies und jenes gemacht, und wenn mir jemand mal gesagt hätte, das ich mich mal in dieser Branche engagiere, dann hätte ich lauthals losgelacht."

Überleitung:

"Bis ich dann …" „Bis ich auf der Suche nach einer Tätigkeit war, die ich selbst bestimmen kann." „Bis ich dann erfahren habe, dass …" „Bis ein guter Freund, der in dieser Branche schon erfolgreich tätig ist, mir einfach mal in aller Ruhe die Vorzüge dieser Tätigkeit dargelegt hat." „Bis ich einmal die Chance hatte, mir selbst ein Bild zu machen und nicht nur die Vorurteile, die allgemein im Markt üblich sind, zu wiederholen."

Fazit:

"Und seitdem weiß ich, dass es natürlich gerade in der Finanzdienstleistung einige Vertriebe gibt, die durchaus verantwortlich dafür sind, dass diese Branche ein so schlechtes Image hat. Seitdem weiß ich auch, dass es einige Unternehmen gibt, die nicht nur zufriedene, sondern begeisterte Kunden haben, die hier im Zuge der Vermögensplanung mit Kunden qualitativ gute Beratung anbieten."

Nutzen:

"Und wenn Sie sich dazu entscheiden, in diese Branche mal nebenberuflich einzusteigen, dann hat das für Sie in der jetzigen Situation drei, drei ganz entscheidende Vorteile:

1. *Sie bestimmen den Umfang und die Intensität.*
2. *Sie haben hier jemanden, der Ihnen den Weg ebnet, der Ihnen aufgrund von jahrzehntelangen Erfahrungswerten sagen kann, wie Sie Erfolg produzieren und –*

3. *und das ist mit das Wichtigste, dass Sie gerade jetzt in einer Zeit hier einsteigen, wo der Bedarf immens groß ist."*

Übung

Bearbeiten Sie bitte zwei Aussagen Ihrer Wahl nach dieser Struktur. Notieren Sie, welche Aussage der Bewerber macht, und antworten Sie mit Formulierungen nach der Selbstbezichtigungsmethode.

Solidarität:

„Ich selbst ..." / „ich habe auch ..." _____
_____
_____
_____

Schlüsselerlebnis – Überzeugung

„... bis ich dann ..." _____
_____
_____
_____
_____

Fazit – Folgerung:

„... seitdem weiß ich / habe ich ..." _____
_____
_____
_____

Zu Ihrer Unterstützung hier nochmals ein ausformuliertes Beispiel für den Einsatz der Selbstbezichtigungsmethode:

▶ „Mein Beruf macht mir Spaß!"

*„**Also, ich habe mir auch gedacht,** warum soll ich mich um eine nebenberufliche Tätigkeit kümmern, wenn in meinem Job letztendlich alles rund läuft und mein Aufgabengebiet mir Spaß macht. Okay, mit den finanziellen Möglichkeiten könnte es etwas besser aussehen, aber sonst?*

***Bis ich mir dann** gedacht habe, guck doch mal, welche Perspektiven es in anderen Branchen gibt. Bestenfalls stellt sich eben heraus, dass es keine Alternative zu der jetzigen Tätigkeit gibt. Dann habe ich zumindest eine Bestätigung dafür, dass ich in dem richtigen Beruf unterwegs bin. Und da habe ich gemerkt: Es gibt durchaus interessante Perspektiven.*

***Seitdem kann ich** nur jedem raten, sich einmal zu informieren. Wenn man einfach mal bedenkt, wie viel Zeit wir im Job verbringen, dann macht es wirklich auch Sinn, einen Beruf zu haben, der nahe am Begriff Berufung liegt.*

Und wenn Sie sich dazu entscheiden,** sich einfach mal unverbindlich zu informieren, wenn Sie diese zwei Stunden investieren, **dann haben Sie drei, drei entscheidende Vorteile:

*Erstens: Sie lernen hier das Tätigkeitsbild genau kennen. **Zweitens:** Sie erfahren genauer, wie der Start, die Einarbeitung, die gemeinsame Zukunft und die persönliche Perspektive in unserem Vertrieb aussehen kann. Und **drittens, und das ist ja mit das Wichtigste,** Sie haben dann alle die Informationen, die Sie brauchen, um eine für Sie sinnvolle Entscheidung zu treffen, egal, wie die ausfällt."*

Jetzt sollte es Ihnen einigermaßen leicht fallen, Ihre eigenen Formulierungen zu finden. Trainieren Sie so lange, bis Sie sich mit dieser Methode sicher fühlen.

Zusammenfassung

Wenn Ihnen ein Joker zur Verfügung steht, dann spielen Sie ihn auch aus! Die Methode der Selbstbezichtigung kann nicht nur am Telefon, sondern auch im persönlichen Gespräch und in kürzeren Präsentationen oder Vorträgen eingesetzt werden. Sie vermeiden auf diese Weise verbale Konfrontationssituationen und erzeugen das Gefühl von Solidarität. Ihr Gesprächspartner fühlt sich angenommen, und das Gespräch kann einen positiven Verlauf nehmen.

13. Starten Sie jetzt!

Bestimmt ist das Telefonieren ein wichtiger Bestandteil Ihrer täglichen Praxis. Sie telefonieren mit Ihren Kunden, mit Vertriebspartnern, mit Familie, Freunden und Bekannten. Umso erstaunlicher ist es, wenn Sie auch zu denjenigen gehören, denen es schwer fällt, das Telefon als Instrument für das Mitarbeiter-Recruiting zu nutzen. Zu denjenigen, die fast schon Angst haben, zum Telefonhörer zu greifen, um Kunden oder auch andere eventuell für eine Mitarbeit in Frage kommenden Personen anzurufen. Das hat viel mit Unsicherheit zu tun. In Ihrem Arbeitsalltag sind Sie sicher, da können Sie mit Einwänden umgehen, wissen, wie das Prinzip funktioniert. Wenn es um Recruiting-Gespräche geht, kommt allerdings die alte Angst wieder hoch: Sie machen sich Gedanken darüber, wie der Kunde reagiert, nehmen das Schlimmste vorweg und rufen dann lieber nicht an. Sie fragen sich, was Ihr Kunde wohl sagt, wenn Sie ihn auf eine (nebenberufliche) Tätigkeit ansprechen, was er wohl von Ihnen hält, welche Bedenken er wohl haben wird ... Diese Gedanken sind überflüssig. Überzeugen Sie sich selbst davon, dass Ihnen gar nichts Unerwartetes geschehen kann, dass der Kunde sich eher geschmeichelt fühlt darüber, dass Sie ihn ansprechen. Letztendlich sind alle Reaktionen vorhersehbar – wie Ihnen die vorangegangenen Kapitel ausführlich gezeigt haben. Ihr Kunde bzw. ein potenzieller Mitarbeiter kann Sie kaum mit Aussagen konfrontieren, auf die Sie sich nicht vorbereiten können. Auch bezüglich Ihrer Branche kann er Sie mit Fragen höchstwahrscheinlich nicht überfordern, denn das ist ja Ihr Metier, hier kennen Sie sich aus. Wenn Sie diese Fakten einmal verinnerlicht haben, wenn Sie nach der Lektüre des Buches und einigen Übungen das Gefühl haben, auf alle gängigen Einwände vorbereitet zu sein, dann verfügen Sie über die notwendige Sicherheit, Recruiting-Telefonate kompetent zu führen.

Ihr Ziel ist festgelegt: Ausbau des Vertriebs und – damit verbunden – geschäftlicher Erfolg, der sich in Zahlen und Fakten abbildet. Um dieses Ziel zu erreichen, brauchen Sie neben Ihrem eigenen Einsatz und Know-how auch Mitarbeiter. Ihre Aufgabe ist es, diese quasi in Ihr „Flugzeug" zu holen. Denn Sie wollen ja „abheben", abheben in Richtung Erfolg. Sie laden also potenzielle Vertriebspartner in ein Flugzeug ein, bieten Ihnen eine Reise – eine Reise zu neuen beruflichen Möglichkeiten und Chancen. Das Flugzeug ist die Infoveranstaltung. Sie wollen erreichen, dass der zukünftige Mitarbeiter vom Gate die Treppe hinaufgeht, dass er Platz nimmt, positiv gestimmt ist und grundsätzlich schon einmal gespannt ist, was die Reise ihm bringen wird. Seine Neugier ist geweckt: Wie verläuft eine solche Reise? Welche Reiseflughöhe wird er gemeinsam mit Ihnen erreichen? Wie sieht es da oben über den Wolken aus?

Im Flugzeug steht vor dem Abheben die Entscheidung an, ob er das Flugzeug durch den Hinterausgang wieder verlässt oder ob er seinen Platz behält. Wenn er sitzen bleibt, ist es Ihre Aufgabe, ihm zu vermitteln, dass für einen Start 100 Prozent Schubkraft benötigt werden. Wie ein Flugkapitän zum Starten den Hebel nicht 40, 50 oder 60 Prozent umlegt, sondern 100 Prozent, damit der Flieger abheben kann, so ist auch Ihr neuer Mitarbeiter beim Start zu 100 Prozent gefordert. Das Flugzeug rollt mit dieser vollen Kraft einige Kilometer lang über die Startbahn und schwingt sich dann in die Lüfte. Hat er erst einmal eine gewisse Reisehöhe erreicht, kann die Kraft heruntergefahren werden, immer den Anforderungen und der Flugsituation entsprechend. Genauso funktioniert es mit Ihrem neuen Mitarbeiter: Hat er erst einmal 100 Prozent Gas gegeben und sich so auf ein bestimmtes Vertriebsniveau gebracht, bestehen die besten Voraussetzungen für einen gemeinsamen Vertriebserfolg. Die Flughöhe stimmt, das heißt, die Atmosphäre, die Luftverhältnisse stimmen, und andere Rahmenbedingungen stimmen auch. Und nach einer Weile kommt man an den Punkt, an dem auch mal 70 Prozent Einsatz und Power reichen, um erfolgreich zu sein. Wichtig ist allerdings: Erst einmal muss Ihr neuer Mitarbeiter *hochkommen* und das geht nur mit 100 Prozent Schubkraft.

Der Grund dafür, dass Neulinge wieder aus der Branche aussteigen, liegt oft genau in diesem Punkt: Sie sind zwar in den Flieger eingestiegen, haben aber anschließend nicht die 100 Prozent Schubkraft geleistet. 100 Prozent Schubkraft heißt für einen Nebenberufler, dass er sich in der Woche mindestens 12, besser noch 14 Stunden um die neue Tätigkeit kümmern sollte. Bei einem zaghaften Start sind die Weichen schnell gestellt. Die ersten drei Monate sind genauso entscheidend wie die ersten drei Kilometer auf der Startbahn. In den ersten drei Monaten geben die meisten auf. Wer in den ersten drei Monaten seine volle Energie einsetzt, der kommt hoch. Und wenn er dann die entsprechende Schräglage erreicht hat, nimmt er die erste Karrierestufe. So sieht Erfolg aus.

Das vorliegende Buch hat Ihnen Methoden vorgestellt, „das Flugzeug voll zu bekommen". Und Wege, Ihre potenziellen Mitarbeiter dazu zu motivieren, sich anzuschnallen und den Flieger gemeinsam mit Ihnen hochzuziehen. Nutzen Sie, was Sie gelernt haben. Am besten fangen Sie schon heute damit an.

Guten Flug!

14. Grundvoraussetzungen für den professionellen Vertriebsaufbau per Telefon von A bis Z

A = Anforderungsprofil

Ein klar definiertes Anforderungsprofil für den idealen Vertriebspartner existiert nicht. Dennoch gibt es einige Faktoren, die bei Ihrer persönlichen Beurteilung des „Kandidaten" eine Rolle spielen und Ihre Entscheidung für oder gegen ihn beeinflussen. Das sind die „harten Faktoren" – Zahlen, Daten, Fakten – und die „weichen Faktoren" – die persönlichen Eigenschaften. Mit etwas Übung gelingt es Ihnen immer treffsicherer, Ihr Gegenüber anhand derjenigen Faktoren zu beurteilen, die für eine erfolgreiche berufliche Tätigkeit im Vertrieb eine Rolle spielen.

B = Berufsgruppen

Manche Branchen und Mitarbeiter sind besonders offen dafür, in einem neuen Gebiet Fuß zu fassen. Das sind genau die Bereiche, die Ihnen für Ihr Mitarbeiter-Recruiting die besten Voraussetzungen bieten: Bankkaufleute, Finanzdienstleister (Assekuranz/Bausparkasse etc.), Automobilverkäufer, Hotellerie/Gastronomie, Verkäufer von Bürokommunikation, Polizei/Bundeswehr/Bundesgrenzschutz und Profisportler. Hier bieten sich gute Chancen, dass Ihre Ansprache auf offene Ohren trifft. Diese Berufsgruppen seien hier exemplarisch angeführt, grundsätzlich gilt: Es lohnt sich besonders, Mitarbeiter aus Verdrängungsmärkten, aus dem Außendienst, aus sozialen Berufen und Dienstleistungsberufen anzusprechen.

C = (Service-)Calls

Service-Call bedeutet: Sie rufen einen Kunden aus Ihrem Bestand an, mit dem Sie schon seit geraumer Zeit keinen Kontakt mehr hatten. Erkundigen Sie sich nach seiner Gesundheit, seiner Familie oder seinen Urlaubsplänen. Und verbinden Sie diesen Service-Call entweder mit der Direktansprache, indem Sie ihm konkret eine Tätigkeit antragen, oder fragen Sie gezielt nach einer Empfehlung. Das heißt, Sie fragen danach, für wen aus dem Bekanntenkreis des Kunden es im Moment vielleicht interessant wäre, sich beruflich neu zu orientieren, wer eventuell an einer Nebentätigkeit interessiert ist, wer gerade seinen Job verloren hat ... Die Direktansprache im Rahmen des Service-Calls lässt sich natürlich auch gut mit der Empfehlungsfrage verbinden.

D = Durchführung einer Infoveranstaltung
Mit der Einladung zu einer Infoveranstaltung können Sie gleich mehrere Interessenten zusammenfassen, um sie in der Gruppe über Karrieremöglichkeiten und Chancen zu informieren. Dieses Treffen sollte einem bestimmten, festgelegten Standard entsprechen. Die meisten Strukturvertriebe arbeiten mit einem Infoleitfaden, in dem der Rahmen und die Themen festgelegt werden. Die wichtigsten inhaltlichen Punkte sind 1. das Unternehmen (Inhalt, Position im Markt, Struktur), 2. die Tätigkeit (Erwartungen an die zukünftigen Mitarbeiter) und 3. Karrierechancen und Einkommen. Die wesentlichen zu beachtenden Organisationspunkte für eine erfolgreiche Veranstaltung sind: Einladung/Bestätigung, Wahl des Veranstaltungsorts und des Wochentags, Kleiderordnung, Bestuhlung, Medien, Pünktlichkeit, Infoleitfaden, Infounterlagen, verschiedenen Infosprecher.

E = Einwandbehandlung
Der Profi betrachtet die gekonnte Einwandbehandlung als die „Kür" im Termingespräch. Wichtig ist dabei, die Einwände, die Ihr „Kandidat" vorbringt, möglichst genau in der abfedernden Lobformulierung widerzuspiegeln. Das heißt, der Initiator des Gesprächs lässt den Gesprächspartner ins Leere kaufen und reagiert erst dann auf den Angriff. Diese Vorgehensweise widerspricht dem sonst üblichen Reflex in der menschlichen Kommunikation, sich auf einen Angriff hin zu verteidigen und in

Abwehrstellung zu gehen. Gerade die Abweichung vom „normalen" Verhalten ist es, die Ihnen im weiteren Gespräch den Spielraum verschafft, den Sie für das Vorbringen Ihrer Einwandbehandlung benötigen. Mit etwas Übung gelingen Ihnen in der Praxis jeweils wohl dosierte, detaillierte Lobformulierungen, die mit Ihrem persönlichen Sprachgebrauch im Einklang stehen und mit denen Sie Ihr Gegenüber erst einmal annehmen, um dann das Gespräch weiter in Ihrem Sinn zu lenken.

F = Fragestellungen
Es ist für Sie von Vorteil, wenn Sie sich mit bestimmten Fragestellungen befasst haben, *bevor* Sie Ihre Kunden konkret ansprechen:

1. Habe ich tatsächlich erkannt, dass Kunden das größte Potenzial für die Gewinnung (nebenberuflicher) Mitarbeiter darstellen?
2. Weshalb habe ich dieses Potenzial bisher nicht genutzt und was hält mich davon ab, meinen Kunden einige entscheidende Fragen zu stellen?
3. Und wenn ich schon vereinzelt gefragt habe: Warum betreibe ich Recruiting bei meinen Kunden nicht konsequenter?

Denn: Die Bereitschaft zur ersten Kontaktaufnahme wird rein mental entschieden. Lernen Sie, Ihre Bedenken zu überwinden und offen auf Ihre Kunden zuzugehen.

G = Gesprächsabschluss
Mit der Abschlussphase, also der Frage nach dem konkreten Termin, spannen Sie quasi den Bogen zur Entscheidung des Bewerbers. Obgleich die Zusage nach dem Verlauf des Gesprächs bereits relativ sicher scheint, ist doch eine möglichst weich formulierte Abschlussfrage angebracht, also zum Beispiel: „Von Ihrem Wochenablauf her: Können Sie sich für eine Informationsveranstaltung am kommenden Donnerstag frei machen? Oder wann ist denn aus Ihrer Sicht der beste Zeitpunkt für ein persönliches Gespräch?" Auf diese Weise sichern Sie sich Sympathie und stellen eine gute Basis für den zukünftigen Kontakt her.

H = Hemmschwelle
Die Bedeutung von Wachstum und der Stellenwert der Gewinnung neuer Mitarbeiter sind allen bewusst, die in den Branchen Finanzdienstleistung, Immobiliensektor und Strukturvertrieb tätig sind. Dennoch ist festzustellen, dass uns konkretes Handeln in Richtung Expansion immer wieder schwer fällt. Einige haben sogar mit ganz massiven Hemmschwellen zu kämpfen, die für sie sehr schwer zu überwinden sind. Bei ihnen steht noch allzu sehr die kurzfristige Existenzsicherung im Vordergrund. Der erste Schritt jedoch, um die Hemmschwellen zu überwinden, ist die Erkenntnis: Wer erfolgreich sein will, muss seine Energien auf zukunftsorientiertes Handeln und langfristige Erfolgssicherung konzentrieren.

I = Image
Das Image des Vertriebsmitarbeiters in Deutschland ist nicht unbedingt positiv. Der Laie denkt bei „Strukturvertrieb" sofort an das berüchtigte Schneeballsystem und hat eigentlich gar kein klares Bild davon, wie ein Strukturvertrieb aufgebaut ist. Erklären Sie Ihren potenziellen Mitarbeitern, dass Struktur die Voraussetzung für das Wirtschaftsleben in unserer Gesellschaft ist. In fast jedem Unternehmen gibt es den Chef, vielleicht einen Geschäftsführer, den Abteilungsleiter, die Mitarbeiter und – last but not least – den Pförtner. Ohne Struktur ist ein Zusammenleben gar nicht möglich. Diese Vorbehalte sind also aufzulösen.

J = Joker Selbstbezichtigung
Wenn Ihnen ein Joker zur Verfügung steht, spielen Sie ihn auch aus! Die Methode der Selbstbezichtigung kann nicht nur am Telefon, sondern auch im persönlichen Gespräch und in kürzeren Präsentationen oder Vorträgen eingesetzt werden. So sagen Sie zum Beispiel nicht „Da haben Sie aber nicht richtig zugehört!", sondern „Da habe ich mich wohl missverständlich ausgedrückt!". Sie vermeiden auf diese Weise verbale Konfrontationssituationen und erzeugen das Gefühl von Solidarität. Ihr Gesprächspartner fühlt sich angenommen und das Gespräch kann einen positiven Verlauf nehmen.

K = Kunde als Potenzial
Ein Riesenpotenzial, das selten genutzt wird, um neue Mitarbeiter zu gewinnen, stellt der bereits bestehende Kundenstamm dar. Ihre Kunden sind Ihnen zum Teil bereits über einen längeren Zeitraum bekannt. Sie kennen ihre Lebensumstände und sind immer wieder im Gespräch mit dem Einzelnen über seine allgemeine Situation. Nutzen Sie dieses Wissen, werden Sie sich über die konkreten Ansatzpunke klar und sprechen Sie Ihre Kunden direkt an.

L = Lob
Lob und Anerkennung sind für jeden Menschen wichtig. Sie stärken das seelische Gleichgewicht und das Selbstbewusstsein. Auf Lob reagiert fast jeder positiv. Leider ist unsere Gesellschaft so strukturiert, dass die meisten Menschen Bestätigung, Komplimente und anerkennende Worte nicht in dem Maß erhalten, das sie sich wünschen. Daher sind sie für jedes Lob umso dankbarer. Dieses bestehende Defizit an verbaler Bestätigung lässt sich bei Gesprächen für die Gewinnung von Mitarbeitern sehr gut nutzen. Bleiben Sie dabei glaubwürdig, benennen Sie das positiv, was Sie tatsächlich auch als positiv wahrnehmen. Achten Sie also darauf, dass Sie mit Ihren Formulierungen nicht auf eine Ebene geraten, die für Ihr Gegenüber nicht mehr glaubwürdig ist. Ziel ist, mit Ihrem Lob die Skepsis oder auch Aggressionen Ihres Gesprächspartners erst einmal weich abzufedern und darauffolgend eine inhaltliche Aussage zu treffen.

M = Maulwurfgespräch
Als telefonisches Maulwurfgespräch wird eine Methode bezeichnet, durch die Sie an interessante Kontaktpersonen gelangen. Diese Vorgehensweise ist in den meisten Branchen möglich, die Dienstleistungen und Produkte verkaufen und im Branchenbuch zu finden sind. Sie rufen zum Beispiel in einem Autohaus an und fragen die Telefonistin an der Zentrale nach einem bestimmten Verkäufer, der Sie letzte Woche beraten hat, an dessen Namen Sie sich aber nicht erinnern können. Die

Dame wird Ihnen im Laufe des Gesprächs verschiedene Namen anbieten, Verkäufer mit unterschiedlichen Zuständigkeiten und Bereichen, denn sie ist ja daran interessiert, für Sie als potenziellen Kunden den richtigen Ansprechpartner zu finden. Auf diese Weise können Sie – je nach Größe des Unternehmens – mindestens drei oder noch viel mehr Namen erhalten. Dann können Sie das Gespräch mit einer freundlichen Formulierung beenden, indem Sie sich zum Beispiel entscheiden, doch nochmals persönlich vorbeizukommen, um Ihren Ansprechpartner ausfindig zu machen. Im Ergebnis haben Sie mehrere Namen und Telefonnummern, die Sie nach etwa einer Woche anrufen können.

N = Nutzen
Verkaufen Sie Ihren „Kandidaten" nicht die zukünftige Tätigkeit, sondern den Nutzen, den sie aus dieser Tätigkeit ziehen werden. Der eine träumt von einem eigenen Haus, der andere von einem Urlaub in der Karibik. Die potenziellen Vertriebspartner, die Sie ansprechen, haben Wünsche, Sehnsüchte, Ziele. Keiner Ihrer Kunden will einen Job, keiner will eine (berufliche) Veränderung – was er will, ist der konkrete Nutzen! Versuchen Sie, diesen Nutzen im Gespräch bunt und plakativ zu transportieren. Es gibt drei entscheidende Bereiche, die Sie für Ihre Nutzenformulierungen berücksichtigen können. Das sind 1. Karriere/Status/Ansehen, 2. Geld/Einkommen/Sicherheit und 3. Freiheit/Selbstverwirklichung/Zeiteinteilung.

O = Orientierung
Machen Sie sich vor jedem Gespräch, vor jedem Telefonat bewusst, was Sie genau von Ihrem Gesprächspartner erreichen möchten. Behalten Sie Ihr Ziel immer im Auge, nämlich den Angesprochenen dazu zu bringen, Ihre Infoveranstaltung zu besuchen. Je nachdem, ob Sie Ihr Gegenüber bereits kennen oder ob es ein Neukontakt ist, gehen Sie unterschiedlich vor. Wichtig deshalb: Machen Sie sich vor dem Gespräch auch immer wieder bewusst, *wie* Sie bei der jeweiligen Person das Ziel am besten erreichen können.

P = Pauschale Aussagen
Für den Umgang mit pauschalen Aussagen (Vorwänden) eignet sich die Schlüsseltechnik. Ein Einwand kann behandelt, ein Vorwand muss diagnostiziert werden. Bei der Schlüsseltechnik handelt es sich um ein Diagnoseinstrument, um herauszufinden, welche Gründe für das Abblocken Ihrer Anfrage sich hinter der Wand verbergen. Denn eine pauschale Kundenaussage wie „Kein Interesse" lässt sich natürlich kaum mit einer Kurzfrage analysieren. Mit der Schlüsseltechnik bringen Sie Ihren Gesprächspartner dazu zu sagen, was er wirklich will – oder was er nicht will. Das Ziel besteht also darin, aus einer allgemeinen Zurückweisung etwas Detailliertes herauszukristallisieren. Sie müssen einen konkreten Ansatzpunkt finden, um ihm auch möglichst konkret etwas anbieten zu können.

Q = Qualifikation Ihrer zukünftigen Mitarbeiter
Mit wem Sie gerne zusammenarbeiten würden, bestimmen alleine Sie. Auch wenn Sie eine breite Ansprache in den bereits genannten Erfolg versprechenden Berufsgruppen durchführen, auch wenn Ihre Infoveranstaltungen brechend voll sein sollten, möchten Sie doch nicht mit jedem der Anwesenden zusammenarbeiten. Wichtige Kriterien für eine Auswahl können sowohl objektiv als auch subjektiv sein. Die objektiven Kriterien wie zum Beispiel Pünktlichkeit, gepflegtes Auftreten und Höflichkeit gelten als Grundvoraussetzungen im Vertrieb, subjektive Kriterien sind Kriterien, die Sie ganz persönlich betreffen. Es ist sinnvoll, diese immer mal wieder auf den Prüfstand zu stellen und abzuwägen, in welchem Maß Sie diesen subjektiven Kriterien in der Praxis gerecht werden sollten. Je mehr Erfahrungswerte Sie in der Praxis gewinnen, desto klarer wird mit der Zeit Ihr Gefühl, ob ein Mitarbeiter zu Ihnen und Ihrem System „passt" oder nicht.

R = Recruiting neuer Mitarbeiter
Ihr Erfolg hängt letztendlich nicht nur von Ihrem eigenen „Geschäft" ab, sondern auch davon, wie konsequent Sie neue Mitarbeiter werben.

In der heutigen Zeit Mitarbeiter oder Vertriebspartner zu gewinnen, stellt in der Tat eine enorme Herausforderung dar. Umso wichtiger ist es, mit konkreten Methoden zu arbeiten, um Ihrer Ansprache potenzieller Mitarbeiter Struktur zu geben und die Erfolgswahrscheinlichkeit Ihrer Recruitinggespräche zu erhöhen. Sie können sich mit diesen Methoden ein System aneignen, das Ihnen eine sichere Basis gibt, Ihren Vertrieb zu erweitern.

S = Standardreaktionen
Fakt ist, dass die häufigsten Bewerberreaktionen, mit denen Sie während eines Gesprächs konfrontiert werden, kalkulierbar sind. In mindestens neun von zehn Fällen antwortet Ihr Gegenüber also mit einer bekannten Aussage. Wenn Sie diese kennen und sich entsprechend vorbereiten, können Sie mit jeder der Aussagen adäquat umgehen und so die Wahrscheinlichkeit, das Gespräch weiterzuführen und erfolgreich abzuschließen, wesentlich erhöhen. Machen Sie sich mit den häufigsten Standardreaktionen vertraut und auch mit den Strategien, auf diese Formulierungen einzugehen.

T = Taktik der Anwerbung über Kollegen
Eine äußerst effektive Strategie ist die Taktik der Anwerbung über Kollegen, insbesondere bei den Kunden, bei denen man sich eigentlich nicht vorstellen kann, dass sie zu einer beruflichen Neuorientierung bereit sind. Gerade in einem solchen Fall kann es schwierig sein, sich dazu durchzuringen, den Kunden bezüglich einer Mitarbeit anzusprechen. Hier ist die Möglichkeit, sich die Ansprache zu erleichtern, der Einbezug einer dritten Person: Ein Kollege, zu dem Sie ein Vertrauensverhältnis haben, ruft diesen Kontakt an und bezieht sich dabei auf Sie als Empfehlungsgeber. Wichtig ist bei einem solchen „Dreieckskonstrukt", dass zwischen Ihnen und Ihrem Kollegen eine klare Absprache getroffen worden ist über den Umgang mit den alten und neuen Namen bzw. Kontakten.

U = Unterscheidung zwischen Vorwand und Einwand
Wie stellen Sie fest, ob ein Bewerber nur einen Vorwand äußert, um nicht an der Infoveranstaltung teilzunehmen, oder ob ein tiefer sitzender Einwand der Grund für seine Ablehnung ist? Die Aussagen „Ich bin mit meinem Job zufrieden", „Interessiert mich nicht!" oder „Kommt für mich nicht in Frage!" sind nicht so recht greifbar und wenig detailliert. Hier handelt es sich um einen Vorwand. Wenn Ihr Gesprächspartner allerdings sagt: „Also kommen Sie, hören Sie auf, Strukturvertrieb, brauchen wir nicht drüber zu reden, das kommt für mich gar nicht in Frage!", dann gibt Ihnen diese Aussage schon konkrete Anhaltspunkte: In diesem Fall weist sie auf eine Skepsis der Vertriebsform gegenüber hin. Sie haben es hier mit einem Einwand zu tun.

Auch wenn es zu den beiden Begriffen zahlreiche Definitionen gibt, ist die Unterscheidung doch recht einfach: Beim Vorwand baut der „Kandidat" Stein für Stein eine Mauer auf, äußert meistens pauschale Zurückweisung und Sie laufen sprichwörtlich gegen die „Wand". Anders beim Einwand, bei dem meist ein konkreter Ansatzpunkt erkennbar ist, mit dem Sie arbeiten können.

V = Vier-Phasen-Methode
Die Vier-Phasen-Methode, anhand derer es Ihnen gelingt, Bewerberaussagen besser zu entkräften, ist das Sprungbrett für mehr Bewerbergespräche und mehr Teilnehmer bei einer Infoveranstaltung. Die einzelnen Phasen bieten genügend Variationsmöglichkeiten für Sie, nach Ihrem ganz persönlichen Sprachmuster die notwendige Identifikation mit der Einwandbehandlung zu erreichen. Die vier Schritte bestehen aus den Modulen: 1. Abfedern durch Lob, 2. Suggestive Gesprächseröffnung, 3. Argumentation im Sie-Standpunkt und 4. Terminvereinbarung/Einladung zur Infoveranstaltung.

W = Wiederholung oder das Gesetz der Zahl
Vereinzelte bzw. sporadische Aktionen, also hier und dort einen Partner auszuwählen, bei dem Ihnen bestimmte Eigenschaften gefallen, reicht

nicht aus. Auch hier gilt die Regel, die Klasse über die Masse herauszufinden. Nutzen Sie das „Gesetz der Zahl" und erhöhen Sie dementsprechend die Anzahl Ihrer Wählversuche. Wiederholen Sie also den Schritt der konkreten Ansprache so oft wie möglich, sprechen Sie so viele Menschen wie möglich an.

Die Ansprache funktioniert nach dem Prinzip des Trichters: Es muss eine entsprechende Anzahl an Wahlversuchen gemacht werden, um genügend Termine zu bekommen. Das ist eine Fleißaufgabe. Eine Fleißaufgabe, die aus permanenter Wiederholung besteht – und richtig ausgeführt garantiert funktioniert!

XY = Die großen Unbekannten
Auf die meisten der Reaktionen Ihrer „Kandidaten" am Telefon sind Sie eingestellt. Dennoch bleibt da ein kleiner Rest von Unbehagen, die Angst vor ungewöhnlichen Fragen, unvorhersehbaren Einwänden. Bleiben Sie konzentriert, orientieren Sie sich weiter an Ihrem Konzept, lassen Sie sich nicht aus der Ruhe bringen. So gelingt es Ihnen am besten, das Gespräch wieder so zu lenken, dass Sie Ihre Methoden einsetzen und auf Ihr Ziel hinsteuern können.

Z = Ziel Termin!
Gehen Sie zielgerichtet vor: Entscheiden Sie sich ganz klar, welche Methoden Sie anwenden möchten, um potenzielle Mitarbeiter anzusprechen, machen Sie sich mit den entsprechenden Vorgehensweisen vertraut und führen Sie sich immer wieder das Ziel Ihrer Telefonakquise vor Augen: den Termin! Wesentliche Erfolgsfaktoren sind gute Vorbereitung sowie die Bereitschaft, Zeit und Engagement in die Telefonate zu investieren.

Der Autor

Klaus-J. Fink, der studierte Jurist, sammelte sechs Jahre praktische Erfahrungen im Verkauf von steuerbegünstigten Immobilien und Kapitalanlagen. Seit mittlerweile mehr als zehn Jahren gilt er als deutschlandweit anerkannter Erfolgstrainer für Telefon- und Empfehlungsmarketing. In der Finanzdienstleistungs- und Immobilienbranche wird er von vielen als die Nummer eins in Sachen Neukundengewinnung angesehen.

Im Jahr 2001 wurde ihm der „Excellence Award" für herausragende Trainingsleistungen verliehen. Zweimal, in den Jahren 2002 und 2005, erhielt er die Auszeichnung zum „Trainer des Jahres". Außerdem ist Klaus-J. Fink Expert Member im Club 55, einer Vereinigung der besten Verkaufstrainer Europas.

Klaus-J. Fink ist Dozent bei der European Business School im Rahmen der Ausbildung „Certified Financial Planner" (CFP) sowie Lehrbeauftragter der Fachhochschule für angewandtes Management im Rahmen des MBA (Master of Business Administration). Er ist Buchautor und Herausgeber von Video- und Audiotrainings. Gleichfalls bei Gabler erschienen sind die Bücher „Bei Anruf Termin" und „Empfehlungsmarketing".

Wenn Sie Kontakt mit dem Autor aufnehmen möchten, wenden Sie sich bitte an:

Klaus-J. Fink
Im Musfeld 7
53604 Bad Honnef
Telefon (0 22 24) 8 94 31, Telefax (0 22 24) 8 95 20
Homepage: www.fink-training.de
E-Mail: info@fink-training.de

MIX
Papier aus verantwortungsvollen Quellen
Paper from responsible sources
FSC® C105338

If you have any concerns about our products,
you can contact us on
ProductSafety@springernature.com

In case Publisher is established outside the EU,
the EU authorized representative is:
**Springer Nature Customer Service Center GmbH
Europaplatz 3, 69115 Heidelberg, Germany**

Printed by Libri Plureos GmbH
in Hamburg, Germany